Ueb

Gesetzg

un

Rechtswis

als Aufgabe

Vo

M. A. von Beth

Bon
bei Adolph
187

Ueber Gesetzgebung und Rechtswissenschaft als Aufgabe unserer Zeit.

Von

M. A. von Bethmann-Hollweg.

Bonn,
bei Adolph Marcus.
1876.

Inhalt.

I.

Rückblick von 1876 auf 1814.

Ein halbes Jahrhundert und mehr ist verflossen, seitdem Deutschland unter Preußens Vorgang und mit der Hülfe des übrigen Europa's das Joch des fremden Unterdrückers zerbrach und die von Gott und Rechtswegen ihm gebührende Unabhängigkeit wieder errang. Aber sein nicht minder berechtigtes Verlangen nach einer gegen neuen Einbruch und den fortdauernden Druck auf Süddeutschland von dieser Seite gesicherten Grenze blieb ihm damals durch die Eifersucht Europa's unerfüllt und die heiße Sehnsucht unseres Volkes nach Einheit und Freiheit im Innern wurde durch Eifersucht und Zwietracht seiner Fürsten und Stämme vereitelt. Uns, die jene große Zeit mit ihren Kämpfen und Siegen und dann jene Enttäuschungen mit vollem Bewußtsein durchlebt haben, vergönnt es eine gütige Vorsehung im Alter, nachdem ein neuer frevelhafter Angriff unserer westlichen Nachbarn durch die alleinige Kraft des Deutschen Volkes siegreich überwunden worden, jenes Verlangen und diese Sehnsucht in überschwenglicher Weise erfüllt zu sehen. Eine feste Wacht am Deutschen Rheinstrom ist aufgerichtet und damit erst die völlige Unabhängigkeit des Vaterlandes gesichert. Ein Reich Deutscher Nation ist wieder erstanden, das sich so eben zum Heil ganz Europa's als vermittelnde Friedensmacht bewährt und dem nichts zu wünschen übrig bleibt, als daß sein Volk durch weise und gerechte Einrichtungen im Innern, wie durch Frömmigkeit und Tugend des ihm geschenkten Glückes sich würdig erweise.

Zu diesen inneren Einrichtungen gehört vor Allem seine Rechtsordnung, für welche schon früher Einiges vollbracht, Größeres jetzt in Angriff genommen ist. Ein gemeinsames Deutsches Wechsel- und Handelsrecht erleichtert und sichert den inländischen Verkehr. Das das Rechtsgefühl des Volkes noch tiefer berührende Strafrecht freilich mußte nach wenigen Jahren in wichtigen Punkten einer Revision unterworfen werden, und auch bei dem Entwurf der wichtigen Gesetze über die Gerichtsverfassung und den Criminal- und Civilprozeß fehlt es innerhalb der vorberathenden Faktoren, wie verlautet, nicht an tief greifenden Gegensätzen und schwankenden Majoritäts-Beschlüssen. Wir leben eben in einer Zeit nicht bloß äußerer großer Umwälzungen, sondern auch geistiger Kämpfe und wählerischer Reflexion, die solche gemeinsame Werke eben so sehr erschweren als veranlassen. Auch die Eile, mit der jetzt diese Dinge betrieben zu werden pflegen, als gälte es den Staat durch Gesetze zu retten, ist nicht günstig. Möchte es nach reiflicher Vorbereitung den zuletzt entscheidenden Instanzen gelingen, Werke zu schaffen, die, wenn auch nicht vollkommen, doch geeignet sind, unseren Rechtszustand zu einiger Ruhe zu bringen und in unserem Volk das Gefühl für Gesetz und Recht zu stärken.

Aber auch ein allgemeines bürgerliches Gesetzbuch ist in Aussicht genommen und von dem Bundesrath zu seiner Ausarbeitung eine Commission bestellt, die bereits in voller Thätigkeit ist.

Also auch dieser Wunsch, den im Jahre 1814 nach der Befreiung des Vaterlandes ein berühmter Rechtslehrer und Patriot, Thibaut in Heidelberg, aussprach, soll in Erfüllung gehen. Ein anderer nicht minder berühmter und dem Vaterland begeistert ergebener Rechtslehrer, Savigny, widersprach ihm damals, nicht weil er den edlen Zweck, Befestigung der Einheit Deutschlands durch Gemeinschaft des bürgerlichen Rechts, bestritten hätte, sondern hauptsächlich deshalb, weil er in besonnener Selbsterkenntniß den Zustand der Rechtswissenschaft, die er so glänzend vertrat, im Allgemeinen nicht für geeignet hielt, die große Aufgabe befriedigend zu lösen.

Thibaut's patriotischer Wunsch blieb damals, wie jene anderen, unerfüllt; nicht sowohl weil Savigny's technisches

Bedenken allgemeine Anerkennung gefunden hätte, sondern die politischen Verhältnisse standen seiner Erfüllung entgegen. In den beiden Großstaaten, Preußen und Oesterreich, waren unlängst bürgerliche Gesetzbücher erschienen, die nach so kurzer Zeit durch ein neues zu beseitigen Niemand rathen konnte. Durch Abfassung eines solchen für das übrige Deutschland wäre also doch die gewünschte Einheit des ganzen Vaterlandes hierin nicht erreicht worden. Ueberdieß waren weder die Regierungen der Klein- und Mittelstaaten, die über ihrer Souverainität eifersüchtig wachten, noch die partikularistische Stimmung der Bevölkerungen der Sache günstig.

Wie ganz anders liegen diese Verhältnisse jetzt. Oesterreich, das niemals vollkommen zum Reich gehört hatte, sondern nur in durchaus exceptioneller Stellung seine südöstliche Mark hütete, ist politisch aus Deutschland ausgeschieden, um ihm durch gemeinsame Interessen und geistigen Verkehr um so enger verbunden zu bleiben und seine große Mission, die Ausbreitung Deutscher Bildung unter Magyaren und Slaven, zu erfüllen. Preußen, das als größter rein Deutscher Staat längst ebensowohl zur Führerschaft berufen war, als es die Ergänzung durch das übrige Deutschland bedurfte, hat in dem neuen Deutschen Reich die angemessene Stellung gewonnen und wird sein partikuläres Preußisches Landrecht dem Ganzen um so leichter zum Opfer bringen, als dessen Verbesserungsbedürftigkeit in den achtzig Jahren seines Bestandes durch zahlreiche Aenderungen constatirt ist. Und die anderen Deutschen Staaten und Stämme? Der gemeinsame Riesenkampf des Jahres 1870 und der glorreiche Sieg hat dem lange verhaltenen Einheitsgefühl einen Aufschwung gegeben, der durch die allgemeine Verehrung für den Kaiser und seinen Erben stets neue Nahrung empfängt und schon manche Probe bestanden hat. Wenn daneben die verschiedenen Stämme ihre Eigenart, die Regierungen die innere Selbstverwaltung sich zu erhalten wünschen, so sind wir weit entfernt, dieß für reichsfeindlichen Partikularismus anzusehen. Ein todtes Einerlei wäre eine Verarmung Deutschlands. Aber daß, wie die gemeinsame Wehrordnung und diplomatische Vertretung nach Außen und der einheitliche Handels- und Geldverkehr, so auch die gemeinsame Rechtsordnung, insbesondere die

Einheit des bürgerlichen Rechts das Einheitsband der Stämme unbeschadet ihrer Eigenart und Selbstverwaltung stärken muß, während früher die theils historisch gewachsenen, theils willkührlich gemachten Rechtsunterschiede Deutschlands mit seiner politischen Zersplitterung und Schwäche Hand in Hand ging, wird Niemand bestreiten wollen. Ja, da der unaufhaltsame Codificationstrieb in mehreren Mittelstaaten theils Entwürfe, theils vollendete Gesetzbücher hervorgerufen hat, die dem Partikularismus dienen, so bleibt keine Wahl, ein gemeinsames ist unvermeidlich. Gelingt es also, durch Vereinigung der besten Kräfte aus den Ländern des gemeinen Rechts mit denen Preußens ein allgemeines bürgerliches Gesetzbuch zu Stande zu bringen, das des Bildungsstandes der Nation würdig ist und seine praktischen Bedürfnisse befriedigt, so dürfen wir hoffen, daß das Werk allgemein willkommen geheißen werde.

Denn auch das technische Bedenken, das im Jahre 1814 Savigny erhob, dürfen wir ohne Ueberschätzung der Gegenwart als erledigt betrachten. Er fürchtete, daß, da in der Deutschen Rechtswissenschaft eben erst ein neues Leben erwacht war, das Gesetzbuch, das nothwendig von Juristen, Theoretikern und Praktikern, verfaßt werden müßte, nicht nur das Gepräge des noch unvollkommenen Standes dieser Wissenschaft an sich tragen, sondern denselben fixiren, ihren Fortschritt also hemmen müßte. Ein vergleichender Rückblick lehrt uns, daß die rastlose Thätigkeit des Deutschen Geistes auch auf dem Gebiete des Rechts in den verflossenen sechszig Jahren reiche Frucht getragen hat und daß der Zeitpunkt wohl eingetreten sein dürfte, wo, wie jener große Rechtslehrer voraussah, wenn überhaupt, ein tüchtiges Gesetzbuch verfaßt werden kann.

Die geschichtliche Ansicht vom Recht, wonach dasselbe nicht bloß durch Gesetze, sondern auch unmittelbar als Volksüberzeugung entsteht und jedes Falls nur im Zusammenhang seiner Entstehung und geschichtlichen Umwandlungen, also genetisch begriffen wird, die damals noch von Vielen, insbesondere auch von Thibaut bestritten wurde, ist seitdem in der Schule zur allgemeinen Herrschaft gelangt. Die entgegenstehende, dem platten Verstande sich empfehlende Ansicht wohnt freilich noch immer Vielen unbewußt inne und tritt sowohl in dem unerleuchteten Drängen des nichtjuristischen Publikums auf Codification, als in der ungebührlichen Ausdehnung derselben durch Juristen hervor. Aber jene richtige Ansicht hat jedes Falls ein tieferes Verständniß der in Deutschland geltenden Rechte allen Denen eröffnet, die von dem darauf gebauten akademischen Unterricht und den zahlreichen gedruckten Werken, die sie vertreten, Gebrauch machen wollen. Wer sucht wohl jetzt noch diese Belehrung z. B. über das Römische Recht nicht aus Savigny's, Puchta's, Keller's, Winscheid's und so vieler Anderer Werken, sondern in Thibaut's Lehrbuch der Pandekten? Denn wie Manches dieser ausgezeichnete Mann im Einzelnen durch Rückgang auf die Quellen geleistet haben mag: die Einsicht in ihren tieferen Zusammenhang konnte er nicht gewinnen, da er ohne Achtung und Liebe an sie herantrat, da die Erzeugnisse der klassischen Jurisprudenz der Römer ihm als eine Farrago principloser und widersprechender Gesetze erschienen. Und wie stand es damals mit der Kenntniß unseres ursprünglich vaterländischen Rechtes? Im vorigen Jahrhundert hatte Justus Möser geistreiche Blicke in das Germanische Alterthum gethan, die aber, „weil er nicht zünftig war", von den Juristen nur wenig beachtet wurden. Wir sagen auch hier: Wer wird jetzt noch aus dem einst beliebtesten Lehrbuch des Deutschen Privatrechts von Runde Belehrung suchen? Damals hatte Eichhorn eben begonnen, die Ursprünge und durchgreifenden Umwandlungen des Deutschen Rechts in allen seinen Zweigen zu erforschen und in seiner vortrefflichen „Deutschen Staats- und Rechtsgeschichte" darzustellen. Aber was ist seitdem nicht Alles sowohl für die Quellen der Deutschen Geschichte, auch der Deutschen Rechtsgeschichte, als für das tiefere Verständniß ihres Inhaltes und die Erforschung seiner leitenden Ideen geschehen! Damals war bei dem nur eben beginnenden tieferen Studium des Germanischen Rechts die größte Gefahr, daß diese eigenthümliche Seite des Geisteslebens unserer Nation verkannt, das bürgerliche Gesetzbuch wie das Oesterreichische und das Preußische Landrecht auf das dürftige Abstractum vom Römischen Recht, das man für Naturrecht hielt, gebaut worden wäre, eine Gefahr, die jetzt vermieden werden kann und hoffentlich vermieden werden wird.

Aber auch die philosophische Bewegung des Deutschen Geistes zu Ende des vorigen und zu Anfang dieses Jahrhunderts hat der Rechtswissenschaft ihre Frucht getragen, die durch den philosophischen Bankerott einiger Epigonen nicht aufgehoben wird. Daß Philosophie und Geschichte nicht, wie nur Beschränktheit oder Partheisucht vorspiegeln konnte, feindliche Mächte sind, daß es eine Philosophie der Geschichte giebt, die wir zu erfassen suchen, und daß die Philosophie selbst ihre Geschichte hat, also in ihrem nicht abgeschlossenen Fortschritt durch Ort und Zeit, Individualität und Nationalität, wie sehr sie sich auch ihrem Einflusse zu entziehen sucht, bedingt ist, das sind Wahrheiten, die jetzt keines Beweises mehr bedürfen. Ist doch die Philosophie nur der bewußte Mittelpunkt der Geschichte des Geistes, die sich in der großen successiven Gemeinschaft der Völker vollzieht und die mehr unbewußt in allen Zweigen ihres Lebens erscheint, zu geschweigen, daß alle Wissenschaften, also auch die Rechtswissenschaft, von der Philosophie stets neue Anregung und Licht empfangen. Als der Begründer der Deutschen Philosophie, Kant, mit seiner „Kritik der reinen Vernunft" die Bewegung eröffnete, glaubten sofort auch die Juristen ihre Wissenschaft philosophisch bearbeiten zu müssen. Aber wie wurden sie beschämt, als der große Königsberger Philosoph selbst mit seinem „Naturrecht" hervortrat. In schneidendem Widerspruch mit Feuerbach's Abschreckungstheorie behauptete er: Wenn die bürgerliche Gesellschaft sich morgen auflösen könnte, so müßte heute noch ein Verbrecher hingerichtet werden, um zu empfangen, was seine Thaten werth sind. Und Thibaut, der als Jüngling in edlem Wissensdrang nach Königsberg geeilt war, muß seinen Lehrer gründlich mißverstanden haben, da er später sein System nicht, wie dieser, auf den Grundbegriff alles Rechts, auf die formale Freiheit im Einklang mit der Freiheit aller Andern, sondern auf „das Gesetz" gründete, von dem die einzelnen Rechte sich nicht ableiten lassen, die er deshalb nur äußerlich classificiren konnte. Hegel hat, wie Gans in der Vorrede zu dessen „Naturrecht" richtig bemerkt, nur auf Kant weiter gebaut, und allen neueren Rechtssystemen, auch denen des heutigen Römischen Rechts, wenngleich nicht in ausgesprochener Anknüpfung an das philosophische

Princip, liegt dieser Begriff des Rechtes und seine Anwendung auf die Lebensverhältnisse zum Grunde. Wie würde damals unter Thibaut's Händen, in dessen System die väterliche Gewalt zum Polizeirecht gehört, der innere Zusammenhang des Gesetzbuches ausgefallen sein? Welchen Werth also die gewonnene bessere systematische Einsicht für das gegenwärtige Unternehmen haben muß, ist evident.

Ein Fortschritt, der diesem Unternehmen zu Gute kommt, ist aber auch die seitdem klarer erkannte Begrenzung der geschichtlichen Rechtsansicht und die Vermeidung ihrer Einseitigkeit. Im Kampf mit der damals noch herrschenden Irrlehre, die alles Recht auf Gesetzgebung zurückführen und das s. g. Gewohnheitsrecht nur als ein dürftiges Surrogat derselben dulden wollte, war man geneigt jene idealere Rechtserzeugung rein durch innere Geisteskräfte zu überschätzen und den Werth des äußern Machtgebotes zu verkennen. Zwar Savigny kann dieß nicht schuldgegeben werden, da er auf das Bestimmteste das Bedürfniß der Gesetzgebung (Legislation) für gewisse Rechtstheile, insbesondere Strafrecht und Prozeß, auch für die nur in der Bildung begriffenen oder streitigen Lehren des bürgerlichen Rechts anerkannte, und nur Unverstand kann einen Widerspruch mit der eigenen Ueberzeugung darin finden, daß er später als Mitglied des Staatsraths und als Minister für die Preußische Gesetzgebung thätig war. Entschieden behauptete er aber, daß die Codification, d. h. die authentische Verzeichnung des gesammten bürgerlichen Rechts in einem Gesetzbuch, in einer Zeit blühender Rechtswissenschaft, wie die Papinian's, zwar möglich aber überflüssig, und nur Angesichts ihres Verfalls, wie in der Justinian's, zur Verhütung noch tieferen Sinkens verhältnißmäßig empfehlenswerth sei. Und hierin können wir ihm nicht unbedingt beistimmen. Er bedachte nicht, als er dieß schrieb, daß die Römer, deren Rechtsentwicklung er als eine durchaus normale anerkannte, ihr gesammtes Recht, Staats-, Sacral- und Privatrecht, schon in frühester Zeit in den Zwölf Tafeln als Gesetz verzeichnet haben und daß dieses durch alle späteren Wandlungen hindurch bis auf Justinian, den festen Kern des Rechtssystems bildete, an den sich die Lehre der Juristen, die prätorischen Edikte und alle späteren Gesetze anschlossen. Anlaß zu ihrer Abfassung waren auch nicht bloß die Verfassungsstreitigkeiten der Patrizier und Plebejer, sondern, wie es geschichtlich bezeugt ist, die Unsicherheit und Willkühr der Rechtspflege, die in den Händen der patrizischen Magistrate lag. Und wie wurde die große Aufgabe gelöst! Zwar von der Kunst logischer Entwicklung des Rechts, welche später die klassischen Juristen besaßen, findet sich darin keine Spur. Aber die Einheit des überlieferten Volksrechts trugen die Verfasser in unmittelbarem Bewußtsein, und bewunderungswürdig ist es, wie sie aus der Fülle lebendiger Anschauung weder abstrakte Principien, noch Entscheidungen einzelner Rechtsfälle gaben, sondern mit sicherm Takt den Centralpunkt jedes Rechtsverhältnisses in kurzen praktischen Rechtssätzen trafen, die, als ein populärer Rechtskatechismus, von jedem Römer gekannt und verstanden und vorkommenden Falls angewandt werden konnten. Jeder Hausvater wußte aus dem solennen Spruch: Uti legassit, daß ihm die freieste Verfügung über seinen Nachlaß zustand; der nächste Verwandte durch Mannsstamm aus dem andern: Si intestatus moritur, daß er, wenn kein Haussohn da war, der nächste Erbe sei; Virginius konnte dem tyrannischen Decemvir, der ihm die Tochter rauben wollte, sein eigenes Gesetz entgegenhalten, wonach während des Rechtsstreits um Freiheit der Besitzstand zu deren Gunsten geordnet werden sollte u. s. w.

Nicht unwahrscheinlich ist auch Niebuhr's Hypothese, daß die Zwölf Tafeln die verschiedenen Stammesrechte der ursprünglich gemischten Bevölkerung Rom's auszugleichen bestimmt waren. Ein ähnlicher Umstand hat im frühern Mittelalter die Germanen, die in ihrer Heimath die mündliche Ueberlieferung ihres Volksrechts zu ihren Freiheiten rechneten und Gesetze haßten, als sie sich in Römischen Provinzen niederließen, alsbald veranlaßt, dasselbe als Gesetz schriftlich zu verzeichnen, um es in ihrer Vermischung mit den Römischen Provinzialen theils vor dem Untergang zu bewahren, theils deren höherer Cultur zu assimiliren. Und als später das Römische Recht in Deutschland eingedrungen war, rief dasselbe Bedürfniß die zahlreichen, in körniger Sprache verfaßten, zum Theil vortrefflichen Stadt- und Landrechte des sechszehnten Jahrhunderts hervor. Ja, die Rechtsunsicherheit, welche der Kampf jener, auf verschiedenen Principien beruhenden Rechtssysteme, des Römischen und des ursprünglich Deutschen, erzeugte, bildete den berechtigten Antrieb zu den umfassenden Gesetzgebungen und Codificationen der neuern Zeit.

Jedes Falls ist anzuerkennen, daß einem so complicirten Rechtszustand wie der unserige, gesetzliche Bestimmungen, an welche die Jurisprudenz in Theorie und Praxis sich anlehnen kann, dieser, wie das Knochengerüst dem menschlichen Organismus, den nothwendigen Halt geben. Dieß aber führt uns auf den eigentlichen Kernpunkt des vor sechszig Jahren so lebhaft geführten Streits und auf die wichtigste Cautel bei dem neuen Unternehmen.

II.

Codification und Jurisprudenz.

Die Ansicht, welche alles Recht auf Gesetzgebung zurückführt und, wie bemerkt wurde, noch immer so Viele mehr unbewußt beherrscht, übt auch auf das in der Ueberschrift angedeutete Verhältniß so großen Einfluß, daß wir sie in ihren Consequenzen noch Einmal in Betracht ziehen müssen.

Ist es der normale Zustand, daß alles Recht auf Gesetzen beruht, so ist unter allen Umständen die Codification des gesammten bürgerlichen Rechts, ein bürgerliches Gesetzbuch, eine Nothwendigkeit, ja nur durch dessen absolute Vollständigkeit und ausschließliche Geltung vollkommene Sicherheit und Gleichförmigkeit der Rechtspflege zu erreichen. Und soll der Richter, wie es seine Bestimmung ist, nur der Vollstrecker des Gesetzes sein, so müssen alle möglichen Fälle, die den Gegenstand eines Rechtsstreits bilden können, zuvor in dem Gesetzbuch hypothetisch entschieden werden. Es bleibt ihm dann nur übrig, die Identität des ihm vorliegenden Falls mit dem in dem Gesetzbuch entschiedenen zu constatiren, eine geistige Operation, die allerdings in ihrer Einfachheit den Irrthum möglichst ausschließt, aber auch ohne jedes geistige und ethische Interesse ist. Die Vorbereitung des praktischen Juristen zu seinem Beruf durch ein philosophisch-historisches Rechtsstudium ist ganz überflüssig, es wird vielmehr genügen, daß er sämmtliche Bestimmungen des Gesetzbuches seinem Gedächtniß einpräge, mit andern Worten, dasselbe auswendig lerne. Auch literarische Hülfsmittel bedarf er nicht; nur ein gutes Register wird seinem

Gedächtniß zu Hülfe kommen. Hat er den betreffenden Paragraphen gefunden, so ist sein Urtheil fertig und die Anführung desselben macht jede weitere rechtliche Begründung überflüssig.

Wird dagegen eingewendet, daß auf diese Weise das Geschäft des Richters ein durchaus mechanisches, eines gebildeten und feiner fühlenden Mannes kaum würdiges sei, daß der Stand der Richter und Advokaten auf das geistige Niveau der Subalternbeamten, von denen man dieselbe gedächtnißmäßige Kenntniß der Gesetze und ihre richtige Anwendung verlangt, herabgedrückt werde, so antworten die Gegner: daß das Recht nicht für die Juristen, sondern für das Publikum da sei und daß diesem damit am Besten gedient werde. Jenen aber bleibe es ja unbenommen, ihre höheren Bedürfnisse des Herzens in der Familie und im Wohlthun, die des Geistes etwa in dem Schauspiel oder, wie Thibaut, in edler Tonkunst zu suchen.

Aber was können sie antworten, wenn wir auf Grund aller bisherigen Erfahrung behaupten, daß jene absolute Vollständigkeit des Gesetzbuches, welche die unerläßliche Bedingung seiner ausschließlichen Geltung ist, selbst durch Aufbietung der besten Kräfte, wie sie z. B. bei Abfassung des Preußischen Landrechts stattgefunden hat, unerreichbar sei? Ja, daß nach dem Zeugniß jedes Praktikers unzählige Prozesse, wo nicht die meisten, nicht nach dem Buchstaben des Gesetzes, sondern nach etwas ganz Anderem entschieden werden. Was dieses Andere sei und wie sich die Gegner darüber erklären, ist vom höchsten Interesse.

Zunächst freilich sucht man in jener Verlegenheit den Buchstaben des Gesetzes, um nicht ganz von ihm verlassen zu sein, extendirend oder restringirend auszulegen, d. h. ihm Gewalt anzuthun, damit er ungefähr auf den vorliegenden Fall passe, ein Verfahren, das in seiner innern Unwahrheit keiner Widerlegung bedarf. Genügt dieß nicht, so könne, sagt man, nach dem Naturrecht oder nach der Analogie des Gesetzbuches entschieden werden.

Allen Respekt vor einem Naturrecht, wie es Kant aufgestellt, Hegel in seiner Art weiter ausgeführt und in neuester Zeit Trendelenburg vortrefflich ans Licht gestellt hat. Denn es werden uns darin die Rechtsbegriffe und Rechtsgrundsätze, die der menschlichen Vernunft entstammen und die allgemeine Grundlage aller positiven Rechte bilden, mehr oder weniger überzeugend nachgewiesen. Aber da kein Naturrecht bestimmte Rechtssätze aufstellt, nach welchen ein Prozeß entschieden werden könnte, so wünschte ich wohl den Richter oder Advokaten kennen zu lernen, der zu diesem Behuf aus einem solchen Belehrung geschöpft hätte. Wirklich ist, was hier für Naturrecht ausgegeben wird, nichts Anderes, als ein mehr oder weniger durch Gründe unterstütztes Billigkeitsgefühl, das dem, der es hat, vermöge einer sehr natürlichen Selbsttäuschung als allgemein gültig erscheint, das er aber im Widerspruch mit dem Gefühl Anderer und ihrer subjektiven Gründe nicht durchzuführen, insbesondere den Partheien nicht mitzutheilen vermag, das also des unentbehrlichen Merkmals objektiver Gerechtigkeit ermangelt.

Näher der Wahrheit liegt die behauptete Ergänzung des Gesetzbuches durch seine Analogie, ja sie enthält eine werthvolle Concession der Gegner, die weiter verfolgt zu einer Verständigung mit ihnen führen kann.

Es ist eine Concession der Gegner; denn sie können sich dabei nicht auf den Willen des Gesetzgebers, dem allein sie sich unterwerfen wollten, berufen, sondern nur behaupten, wenn der Gesetzgeber diesen Fall bedacht hätte, so würde er ihn den anderen in dem Gesetzbuch wirklich entschiedenen Fällen ähnlich entschieden haben. Es wird also zugegeben, daß ihm bei Abfassung des Gesetzbuches ein ideales Rechtssystem vorschwebte, dessen Consequenzen er nur nicht vollständig gezogen hat. Ja noch mehr! Nach dem Begriff der Codification setzt sie die wirkliche Geltung dieses Rechtssystems, das sie nur verzeichnet und im Einzelnen modificirt, voraus, wie denn wirklich ein solches in der Geschichte aller Völker der Codification und Legislation vorausging. Woher also dieses Recht und sein systematischer Zusammenhang, der zur analogen Ergänzung des Gesetzbuches berechtigt? Dieß führt uns zu der oben nur beiläufig berührten Frage nach der Entstehung des Rechts zurück, deren richtige Entscheidung wir, alles mystischen Scheins entkleidet, dem nüchternsten Verstande überzeugend zu machen und damit die Grundlage zur richtigen Grenzscheidung zwischen Codification und Jurisprudenz zu gewinnen hoffen.

Ist nämlich das Recht ein Erzeugniß der menschlichen Vernunft, wenn auch nicht der reinen, sondern der empirischen, so ist kein Verhältniß von Mensch zu Mensch denkbar, das nicht von Beiden zunächst als ein rechtliches und dann auch als ein sittliches gedacht würde, d. h. in Bezug auf welches sie nicht unterschieden, was der Eine von dem Andern fordern, und was er nur von seiner guten Gesinnung erwarten kann. Das Verhältniß ist also nicht eine bloße, äußerliche Thatsache, die ihr rechtliches Gepräge erst von anderswoher, namentlich von einem Gesetzgeber, zu erwarten hätte, sondern das Recht ist dem Verhältniß als einer Beziehung vernünftiger Willen aufeinander immanent, es gehört zu seinem Wesen. Es liegt dieß dem, was man „die Natur der Sache" zu nennen und auch zur Ergänzung des Gesetzbuches heranzuziehen pflegt, als Wahrheit zum Grunde. Und wie ein gemeinsames Interesse die Partheien unbeschadet ihrer geschiedenen Persönlichkeit zusammenführt, so entsteht auch von selbst unter ihnen das Bewußtsein eines gemeinsamen Rechts, wenn auch vielleicht später ihr Einverständniß sich in Streit auflöst, den der Richter entscheiden muß. Zwar zunächst entsteht jenes Bewußtsein nur für den einzelnen Fall. Aber im fortgesetzten Verkehr bilden sich unter den mit einander Verkehrenden, wie durch Nachfrage und Angebot ein allgemeiner Preis der Waare, so durch stillschweigende Uebereinkunft für die gleichen Fälle gleiche rechtliche Ueberzeugungen. So z. B. im Handels- und Seeverkehr verschiedener Völker, die weder Einen Gesetzgeber, noch Einen Richter über sich erkennen. Am vollständigsten freilich in der geschlossenen Gemeinschaft desselben Volkes und Staates, unter Anerkennung seiner gesetzgebenden und richterlichen Gewalten.

Das also entstandene Recht eines Volkes beruht auch nicht auf Zufall oder Willkühr, sondern hat innere Nothwendigkeit, die zwingende Autorität des Gesetzgebers und Richters tritt nur hinzu, eine Nothwendigkeit, die einerseits aus der Idee der Gerechtigkeit, wie dieses Volk sie auffaßt, stammt, und anderseits aus der Natur des concreten Verhältnisses, in welchem jene Idee sich verwirklicht. Und da es dem menschlichen Geiste eigen ist, allen seinen Schöpfungen das Gepräge seiner Einheit mitzutheilen, so sollten, meinen wir, alle Volksfreunde es nicht so wunderbar finden, daß, wie die Geschichte bestätigt, der Gemeingeist des Volkes das Recht, wie seine Sprache und seine Sitten, zwar roher oder edler, stets aber in einer organischen Einheit, in einem nothwendigen Zusammenhang seiner einzelnen Bestimmungen erzeugt, wie der weiseste Gesetzgeber sie kaum zu schaffen vermöchte. In der Kindheit des Volkes nur im Gefühl und in Vorstellungen, bei fortgeschrittener Bildung in Begriffen und deren logischer Verknüpfung, als ein klar gedachtes Rechtssystem, dessen Kenntniß die Römer in treffender Bezeichnung ihrer praktischen Seite iuris prudentia, also nicht bloß Rechtswissenschaft, sondern Rechtsweisheit nennen.

Bei uns freilich sind Schule und Rechtspflege geschiedene Zweige der auf das Recht gerichteten Thätigkeit und der Beruf des Rechtslehrers ist nur selten mit dem des Richters und Sachwalters verbunden. Um so wichtiger ist es, die wesentliche Einheit der Jurisprudenz der Schule und der Gerichtshöfe und deren lebendige Wechselwirkung, wovon das Gedeihen Beider abhängt, festzuhalten. Denn da das Recht nur eine Seite des Lebens selbst ist, so empfängt die Theorie aus der Praxis stets neue Berichtigung und Bereicherung und diese von jener das unentbehrliche Licht. Die Entscheidung jedes Rechtsstreites wird gewonnen durch Entwicklung der allgemeinen Principien und der davon abhängigen Rechtssätze, bis zu dem einzelnen Fall herab, eine Denkoperation, die von der theoretischen nicht wesentlich verschieden ist. Die Befähigung des Praktikers dazu ist also nicht bloß Sache des Gedächtnisses, Gesetzeskunde, sondern juristische Bildung, die in der Schule ihre Grundlage und in der Rechtspflege ihre Vollendung empfängt. Insbesondere wird in dieser der ethische Gehalt des Rechts ihm erst zum vollen Bewußtsein kommen und der edle, besonnene Eifer für Gerechtigkeit in ihm erwachen, der dem Richter wie dem Rechtsanwalt so wohl ansteht und auf die Erkenntniß des Rechts glücklich zurückwirkt. Der Beruf Beider wird auf diese Weise ein des denkenden und charaktervollen Mannes höchst würdiger sein und ihr Stand zu dem geistigeu Adel der Nation gehören.

Wie aber kann, wie muß sich zu dieser Jurisprudenz das Gesetzbuch verhalten, wenn die Abfassung eines solchen unternommen wird?

Daß das Gesetzbuch, weil von Juristen, Praktikern und Theoretikern verfaßt, von dem jedesmaligen Stande der Jurisprudenz abhängig sei, wurde oben bemerkt. Die Verfasser müssen das bestehende Recht, das sie verzeichnen sollen, nicht nur seinem Stoff nach kennen, sondern sich auch im lebendigen Besitz seines systematischen Zusammenhanges befinden. Denn nur dann wird derselbe allen Bestimmungen des Gesetzbuches zum Grunde liegen und seine unentbehrliche Ergänzung durch Analogie, d. i. durch Rückgang auf jenes System ermöglichen. Ferner wird das Gesetzbuch seine sichere Auslegung aus dem ihm zu Grunde liegenden Rechtssystem erhalten. Denn selbst wo es im Einzelnen neues Recht constituirt, ist es in seiner Abweichung von dem Bestehenden durch dieses mitbestimmt worden und kann nur in dieser seiner Genesis vollkommen begriffen werden.

Aber selbst Jurisprudenz machen oder sie durch das Gesetzbuch ersetzen wollen, soll der Gesetzgeber nicht. Er ist kein Professor, dem der Staat das Privileg der Unfehlbarkeit beigelegt hätte, sondern er vertritt die höchste Staatsgewalt, die durch seinen Mund gebietet, was fortan als Recht gelten soll. Dieß bedingt Inhalt und Form seines Werkes als durchaus verschieden von Allem, was Rechtslehre genannt werden kann. Denn diese hat die Aufgabe, in Rede oder Schrift die verschiedenen Rechtsinstitute ihrem Begriff nach und in ihrer organischen Entfaltung nach allen Seiten, ihrer Entstehung, ihrem Inhalt und Untergang und das ganze Rechtssystem in seinem organischen Zusammenhang zur geistigen Anschauung zu bringen. Ganz anders das Gesetzbuch. Es stellt nicht allgemeine Principien, sondern Rechtsregeln auf, die hier keiner ausdrücklichen Begründung bedürfen, sondern um ihrer selbst willen gelten und auf alle logisch darunter begriffenen Fälle zur Anwendung kommen sollen. Ebenso wenig darf er dem Richter hierin vorgreifen und alle denkbaren Rechtsfälle hypothetisch entscheiden, sondern muß zwischen jenen allgemeinen Principien und diesen concreten Entscheidungen eine gewisse Mitte innehalten. Vorläufig mögen dafür die oben angeführten Bestimmungen der Zwölf Tafeln zum Beispiel dienen, obgleich natürlich in einem verwickelteren Rechtszustand so wenige und einfache Sätze nicht ausreichen. Auch aller der doctrinären Hülfsmittel, der Definitionen und Classificationen, die der Schule unentbehrlich sind, hat das Gesetzbuch sich zu enthalten und die allgemeinen Lehren, die in Vorträgen und Büchern einen nur zu großen Raum einzunehmen pflegen, möglichst zu beschränken. Endlich überhaupt lieber zu Wenig als zu Viel in das Gesetzbuch hereinziehen. Das Streben nach möglichster Specialisirung und Vollständigkeit der Einzelbestimmungen beruht noch immer auf der Voraussetzung, daß alles Recht durch Gesetz bestimmt werden müsse; die bei aller Gesetzgebung entscheidende Bedürfnißfrage muß auch hier die Grenze ziehen. Bei jedem Paragraphen, ehe er niedergeschrieben wird, möge der Verfasser sich fragen, ob ein gebildeter und denkender Jurist nicht auch ohne diese Vorschrift aus der Natur der Sache und der Analogie des Rechts mit größter Sicherheit die Entscheidung finden werde.

Die Hereinziehung der Jurisprudenz in das Gesetzbuch ist auch nicht bloß naturwidrig, sondern verderblich. Allgemeine Principien, auch wenn es die richtigen sind, als Gesetze vorgeschrieben verleiten zu buchstäblicher Anwendung und geben falsche Resultate. Unrichtige, falscher Doctrin entlehnte Principien stören die Construction des Systems, dem der Richter die analogen Entscheidungen entnehmen soll. Eine aus falschen Principien gezogene Consequenz des Gesetzbuches ist nicht so schädlich, denn der Richter kann und muß sie als Anomalie gelten lassen, wird aber dadurch an jener Construction nicht gehindert. Führt andererseits das Gesetzbuch die Entwicklung des Systems bis zur Entscheidung einzelner Fälle herab, so greift es dem Richter vor und mechanisirt seinen Beruf. Ueberall wird die Jurisprudenz durch Hereinziehung in das Gesetzbuch fixirt, in ihrem natürlich freien Fortschritt gehemmt, gleichsam versteinert und getödtet.

Man wird sich dagegen auf Justinian's berühmte Gesetzgebung, unser Corpus Juris, berufen, welches allerdings Jurisprudenz enthält, in den Institutionen ein Elementar-Lehrbuch und in den Pandekten reiche Auszüge aus der Literatur der klassischen Juristen, denen Justinian auch Gesetzeskraft beigelegt hat. Allein damals war längst alle produktive Rechtswissenschaft erstorben, also nichts mehr zu tödten. Es galt die Erzeugnisse einer frühern bessern Zeit, für die in der Schule merkwürdiger Weise noch Verständniß erhalten war, vor dem Untergang zu bewahren und dem praktischen Bedürfniß der Gegenwart anzupassen. Für glücklichere Zeiten kann also dieser Vorgang zur Nachfolge nicht empfohlen werden, die freilich dennoch, wie wir sehen werden, mehr als Einmal stattgefunden hat.

Die Erhaltung einer lebendig fortschreitenden Jurisprudenz, im gleichen Interesse der Rechtspflege wie der Schule, deren Tödtung Savigny im Jahre 1814 durch ein Gesetzbuch befürchtete, war auch das Hauptmotiv seines Widerspruchs gegen Thibaut; denn für das in unserm Zeitalter nicht sehr bedeutende Gewohnheitsrecht einen solchen Kampf heraufzubeschwören, hätte sich nicht der Mühe verlohnt. Nachdem nun der von ihm gehoffte Fortschritt der Rechtswissenschaft stattgefunden hat und seine Frucht in einem allgemeinen Deutschen Gesetzbuch verwerthet werden soll, wäre der Verlust um so größer, wenn die beiden, in einem gesunden Rechtszustand unterschiedenen, sich gegenseitig unterstützenden Elemente, Gesetz und Jurisprudenz, miteinander vermischt würden, wogegen naheliegende frühere Erfahrungen zur Belehrung und Warnung dienen können.

III.

Die drei berühmtesten modernen Gesetzbücher.

Wir verstehen darunter das Preußische Landrecht, das Österreichische Gesetzbuch und den Code Napoleon, die hier natürlich nicht einer umfassenden Kritik unterzogen, sondern nur in der angeregten Beziehung, nämlich in ihrem Verhältniß zur Jurisprudenz, betrachtet werden sollen.

Das Preußische Landrecht ist dem Gedanken Friedrichs II. entsprungen, nach manchen Versuchen durch die tüchtigsten Kräfte und mit größter Anstrengung, auch nach Anhörung Sachverständiger und der öffentlichen Meinung, erst unter seinem Nachfolger 1794 vollendet worden, und muß ein in seiner Art höchst gediegenes, auch in der Sprache Lessing's Zeitalter nicht unwürdiges Werk genannt werden. Allein ebenso wenig ist daran zu verkennen, daß der große König und die Verfasser des Gesetzbuches Kinder ihrer Zeit waren und daß Letztere nur mit dem vorhandenen Material arbeiten konnten. Es war die Zeit des herrschenden Rationalismus, dem die mechanische Ansicht von Staat und Recht eigen war und der durch Vereinfachung der Maschine die Aufgabe gelöst zu haben glaubte. Reformen des Rechtszustandes waren in der That Bedürfniß. Der tiefe Standpunkt der Rechtswissenschaft, die den Geist des Römischen Rechts nicht faßte und des aufgehäuften historischen Stoffs nicht Herr werden konnte, ferner der verwickelte Rechtsgang und die dadurch ermöglichte Verschleppung der Prozesse, endlich der Mißbrauch, den ein zahlreicher Advokatenstand von Beiden, dem unsicheren Recht und dem schleppenden Prozeßgang, zum

Nachtheil der Partheien machte, erweckte des Königs gerechte Unzufriedenheit und bestimmte die Richtung seiner Justizreform.

In der ersten an den Großkanzler von Cocceji gerichteten Verordnung vom 31. Dezember 1746 erklärt er sich darüber folgendermaßen:

„Und weil die größte Verzögerung der Justiz von dem ungewissen lateinischen Römischen Recht herrührt, welches nicht allein ohne alle Ordnung compilirt worden, sondern worin singulae leges pro et contra disputirt oder nach eines jeden Caprice limitirt oder extendirt werden: so befehlen Wir — ein Deutsches allgemeines Landrecht, welches sich bloß auf die Vernunft und Landesverfassung gründet, zu verfertigen und zu Unserer Approbation vorzulegen, worüber wir hiernächst Unserer Stände und Collegia, auch Universitäten Monita einholen und die besonderen Statuten einer jeden Provinz beidrucken lassen wollen, damit einmal ein gewisses Recht etablirt und die unzähligen Edikte aufgehoben werden mögen."

Noch bedeutender aber für die Frage, die uns beschäftigt, ist die berühmte Kabinetsordre des Königs vom 14. April 1780, welche die noch immer nicht völlig zu Stande gekommene Reform dem Großkanzler von Carmer übertrug und folgende denkwürdige Worte enthielt:

„Wenn ich meinen Endzweck erlange, so werden freilich viele Rechtsgelehrte bei der Simplification dieser Sache ihr geheimnißvolles Ansehen verlieren, um ihren Subtilitätenkram gebracht und das ganze Corps der bisherigen Advokaten unnütz werden. Allein ich werde — desto mehr geschickte Kaufleute, Fabrikanten und Künstler gewärtigen können, von welchen sich der Staat mehr Nutzen zu versprechen hat."

Das Ziel, das der König den Verfassern des Gesetzbuches vorzeichnete, war also ursprünglich nur, an Stelle des widerspruchsvollen und dem Volke unverständlichen fremden Rechts und der vielen königlichen Edikte ein einfaches Gesetzbuch in deutscher Sprache zu verfassen. Als das Vernunftrecht, aus dem sie schöpfen sollten, konnten sie nur das Römische betrachten, soweit es nicht durch Landesverfassung und Sitte antiquirt war, da dieses der Zeit für eine ratio scripta galt und das in der Schule herrschende Naturrecht eine Abstraction des

Römischen war. Sehr anerkennenswerth aber ist, daß dem großen Könige die Nivellirungssucht des Zeitalters fremd war und daß nach seiner Vorschrift die Lokal- und Provinzialrechte neben dem allgemeinen Landrecht fortgelten und nur, insofern sie auf bloßer Gewohnheit beruhten, gleichfalls codificirt werden sollten (Allg. Landrecht Einl. §. 3). Auch allgemeine Observanzen sollten für Fälle, welche das Gesetzbuch nicht ausdrücklich entscheidet, einstweilen noch zur Anwendung kommen (Einl. §. 4).

Aber der Jurisprudenz erklärte der König in der zweiten, vorzugsweise das Gepräge seines Geistes tragenden Ordre entschieden den Krieg und hoffte sie und ihre Vertreter, die Juristen, vor Allem die Advokaten, durch das Gesetzbuch völlig entbehrlich zu machen. In Befolgung dieses Befehls und freilich auch in Uebereinstimmung mit der herrschenden Zeitansicht mußten die Verfasser ein populäres Lehrbuch aufstellen und möglichste Vollständigkeit durch Entscheidung aller denkbaren Rechtsfälle anstreben, die Jurisprudenz aber, insofern sie überhaupt noch Raum fand, in die engsten Grenzen einschließen. Die Interpretation des Gesetzbuches hatte der König in jener Kabinetsordre dem Richter geradezu verboten und ihn in Zweifelsfällen zur Anfrage bei der Gesetzcommission angewiesen. Die Verfasser des Landrechts sahen ein, daß es doch die Aufgabe des Richters sei, den Sinn des Gesetzes aufzusuchen, als Hülfsmittel aber bezeichneten sie nur die Gesetze der Sprache und den nächsten unzweifelhaften Grund des Gesetzes (Einl. §. 46). Auch verbargen sie sich nicht, daß gegen ihre Absicht im Gesetzbuch nicht entschiedene Fälle vorkommen könnten; diese soll der Richter nach den in demselben angenommenen allgemeinen Grundsätzen und den wegen ähnlicher Fälle ergangenen Verordnungen (Einl. §. 49), also nach der Analogie entscheiden. Meinungen der Rechtsgelehrten aber und Präjudicien zu berücksichtigen, wird ihm ausdrücklich verboten (Einl. §. 6). Daß Letzteres dennoch sehr bald in Bezug auf die Entscheidungen des Obertribunals zugelassen werden mußte, ist bekannt.

Welche Gestalt hat nun nach diesen Grundsätzen „das Preußische Landrecht" erhalten? Rücksichtlich der Form hat es einen überwiegend doctrinären Charakter, lehrt mehr als es gebietet. Wichtiger noch ist rücksichtlich des Inhalts, daß es nicht bloß die für den Richter unentbehrlichen Rechtsregeln, sondern einerseits theoretische Allgemeinheiten und andrerseits möglichst viele Entscheidungen einzelner Rechtsfälle giebt, wovon jene in einem Gesetzbuch nicht nur überflüssig, sondern häufig für das Rechtssystem verwirrend sind, diese das Geschäft des Richters zu einem rein mechanischen machen, auch dasselbe zu einem seiner Popularität nicht günstigen Umfang anschwellen ließen. Auf beide Abwege wurden die Verfasser auch dadurch geführt, daß ihrer Arbeit der von dem Dr. Volkmar, einem weniger bedeutenden Mitgliede der Commission, gemachte vollständige Auszug aus dem Corpus Juris zum Grunde lag, und daß auf diese Weise Vieles darin Aufnahme fand, was nur der Römischen Jurisprudenz angehört, Rechtslehre und Responsa, und überdieß in der höchst mangelhaften Auffassung der damaligen Schule.

Das Mangelhafte dieser Schule bestand aber nicht bloß in einzelnen Irrthümern, sondern hauptsächlich in einer falschen systematischen Methode. Statt die Begriffe und leitenden Grundsätze aufzusuchen, die in der klassischen Jurisprudenz der Römer mehr enthalten und consequent durchgeführt als ausgesprochen sind, folgte man einerseits weniger glücklichen Definitionen und Cassificationen einzelner Römischer Juristen, und stellte andrerseits durch unvollständige Induction gewonnene Begriffe und allgemeine Sätze auf, die theils unfruchtbar, theils geradezu falsch sind. Einige Beispiele werden dieß erläutern.

Eine Fülle unfruchtbarer theoretischer Allgemeinheiten enthält in der Einleitung die Lehre von den subjektiven Rechten und in den ersten 6 Titeln des ersten Theils die Lehre von den Personen, Sachen und Handlungen, woraus wir beispielsweise den Satz hervorheben (Einl. §. 74 folg.), daß Rechte durch den Staat nur gegen Entschädigung aufgehoben werden sollen, ein empfehlenswerthes Princip der Gesetzgebung, gegen dessen Verletzung aber die Hülfe des Richters vergeblich angerufen würde, das also nicht in ein bürgerliches Gesetzbuch gehört; in der Lehre von den Personen die allgemeine Gleichstellung beider Geschlechter und die fast lächerliche Bestimmung über Zwitter (I, 1 §§. 19—25), ein kaum vorkommender Fall, den Ulpian physiologisch so richtig entscheidet; und vorzüglich in der Lehre von den Sachen die Unterscheidung eines engeren und weiteren Begriffes derselben (I, 2 §§. 1—3), die, wie wir zeigen wollen, die größte Verwirrung der Rechtsbegriffe in dem ersten Theil des Systems, dem Sachen- oder Vermögensrechte, zur Folge hatte.

Veranlassung zu jener Unterscheidung hat ohne Zweifel die in Justinian's Institutionen vorkommende Eintheilung der Sachen, d. i. der Stücke eines Vermögens, in körperliche und unkörperliche gegeben, die in ihrer ersten Aufstellung durch Gaius zwar unlogisch, aber unschädlich war, weil sie nur sagen sollte, daß auch andere Rechte in der Form des Eigenthumserwerbs übertragen werden können. Hier aber wird neben der Sache im engern Sinne, der körperlichen, im weitern Alles Sache genannt, was Gegenstand eines Rechts oder einer Verbindlichkeit sein kann, also z. B. auch Handlungen, und dieser Begriff dem Sachen- oder Vermögensrecht zum Grunde gelegt; denn die Familiengewalten werden, auch wieder in wenig zweckmäßiger Nachahmung des Institutionensystems, das sie der Lehre vom Status unterordnet, im Personenrecht (Thl. 2) mit den Standesrechten zusammengestellt.

An der Spitze des Sachen- oder Vermögensrechtes steht der auch im Römischen Rechtssystem so wichtige und fruchtbare Gegensatz des dinglichen Rechts und des Schuldverhältnisses (obligatio) (I, 2 §§. 122—130), hier objektiv-persönliches oder Recht zur Sache (ius ad rem) genannt, weil es ein Geben, Leisten, Verstatten oder Unterlassen einer andern Person zum Gegenstand hat, während jenes, das dingliche Recht, unmittelbar auf eine Sache (ius in rem) geht. Daß es auch subjektiv-dingliche Rechte giebt, die an den Besitz eines Grundstücks geknüpft sind, wird hier aus zweckloser Theoretisirung erwähnt, da es genügte diese Eigenthümlichkeit bei den Prädialservituten und ähnlichen Rechten zu erörtern.

Als dingliche Rechte werden das Eigenthums- (I, 8) und die Rechte an einer fremden Sache (I, 19) genannt. Der Grundbegriff ist also das Eigenthum und Eigenthümer ist nach der an die Spitze gestellten Definition (I, 8 §. 1) derjenige, der befugt ist über die Substanz einer (körperlichen) Sache oder eines Rechts mit Ausschließung Anderer — zu verfügen. Offenbar wird hier zwar nicht der weiteste Begriff von Sachen, der auch Handlungen begreift, aber der den Institutionen entlehnte, nach welchem auch andere Vermögensrechte Sache genannt werden, zum Grunde gelegt und Eigenthum als das Haben irgend eines Vermögensrechts bestimmt, ein Begriff, der in seiner Allgemeinheit für das System völlig unbrauchbar ist und überdieß consequenterweise auf die Absurdität des Eigenthums am Eigenthum führt. Geradezu falsch ist die Inhaltsangabe des Eigenthums durch Dispositionsbefugniß über die Substanz der Sache, die in der Lehre von den Sachen (I, 2 §. 4 folg.) schon durch die philosophische Kategorie von Substanz und Accidenz vorbereitet wird. Denn nicht diese, sondern die allgemeine, rechtliche Herrschaft über eine körperliche Sache, deren Umfang nicht bewiesen zu werden braucht, die aber thatsächliche Beschränkungen bis auf ein Minimum erfahren kann, ist das charakteristische Merkmal des Eigenthums. Welche Klarheit dieser Eigenthumsbegriff des Römischen Rechts in das ganze System bringt, ist jetzt jedem Civilisten bekannt, wärend die Doctrin des vorigen Jahrhunderts und das Landrecht, das ihr folgt, demselben jene unklaren Vorstellungen substituirt.

Jener weitere Begriff von Sache liegt auch der Lehre vom Besitz (I, 7) zum Grunde und macht auch deren echt systematische Construktion unmöglich. Bei der Begriffsbestimmung des Besitzes wird zwar von der Gewahrsam (Detention) als dem physischen Vermögen über eine körperliche Sache zu verfügen ausgegangen (§. 1—3), aber, da diese faktisch dem Eigenthum entspricht, in Consequenz des erweiterten Eigenthumsbegriffs hinzugefügt, daß die Ausübung eines Rechts dem Besitz gleichgestellt werde (§. 4, 5). Daß damit aber die weise Beschränkung des Römischen Rechts auf eigenthumsähnliche, also dingliche Rechte verlassen, daß wenigstens Analogien des Besitzes an Obligationen angenommen werden, beweist der Verfolg. Denn wie das Eigenthum einer körperlichen Sache durch fortgesetzten Besitz während zehn oder dreißig Jahren erworben wird, so soll auch, wer während zehn Jahren die Zinsen eines Kapitals bezogen hat, also gewissermaßen durch Ausübung des Rechts, das präsumtive, während dreißig Jahren das wirkliche Eigenthum der Kapitalforderung erlangen (I, 11 §§. 837—840).

Die zweite Wirkung des Besitzes nach Römischem Recht, die Besitzklagen, konnten, selbst in der Modification des Landrechts, da sie auf den Besitz als Recht gegründete Vindicationen sind, auf Obligationen allerdings nicht angewandt werden, da der Streit um das Recht an der Forderung im Fall ihrer Vererbung als Erbschaftsstreit erledigt wird, in allen andern Fällen nur als Legitimation dem Schuldner gegenüber in Frage kommt. Doch wird dem Cessionar durch Uebergabe des Schuldinstruments insofern ein dingliches Recht verschafft, als der Schuldner in Folge der Zahlung auch gegen Dritte geschützt ist (I, 11 §. 395).

Eine nicht nur für den realen systematischen Zusammenhang unfruchtbare, sondern verwirrende Generalisirung ist auch die der damaligen Doctrin entlehnte allgemeine Theorie der Verjährung (I, 9 §§. 506—669), welche als Veränderung von (Eigenthums-)Rechten durch Unterlassung der Ausübung während gesetzlich bestimmter Zeit definirt, und jenachdem durch dieselbe nur ein Recht untergeht oder zugleich von einem Andern ein Recht erworben wird, in Extinctiv- und Acquisitivverjährung zerfällt. Indem hierin die Römischen Lehren der Usucapion, des Erwerbes der Servituten durch longum Tempus und deren Untergang durch Nonusus, endlich auch die allgemeine Klagenverjährung zusammengefaßt wird, verlieren diese einzelnen Institute ihre Klarheit und Bestimmtheit, auch werden falsche Consequenzen kaum vermieden, z. B. durch die Ausnahmebestimmung, daß die Extinctivverjährung durch bloßen Nichtgebrauch einzelner Rechte des Eigenthums und der s. g. res merae facultatis (eines völlig unbestimmbaren Begriffs) nicht stattfinde (§§. 504, 505). Ja es hätte gesagt werden müssen, daß auch das Eigenthum selbst an körperlichen Sachen durch bloße Nichtausübung nicht verloren gehe, wenn nicht ein Anderer durch fortgesetzten Besitz dasselbe erwirbt.

Endlich zeigt sich der Begriff des Eigenthums als des Habens irgend eines Vermögensrechts auch darin als das reale System der Rechte, ihre Unterscheidung und Beziehung aufeinander, verwirrend, daß das hochwichtige, von den Römern so vortrefflich entwickelte Obligationsrecht bei der Lehre vom Eigenthum untergesteckt, also nicht in seiner vollen Eigenthümlichkeit klargestellt wird. Zunächst als Titel seines mittelbaren

Erwerbs, nach der damaligen Theorie von Titulus und Modus acquirendi, z. B. Kauf, Schenkung u. s. w. (I, 11) auch des Erwerbs durch Dritte, z. B. Mandat (Tit. 13), ferner seiner Erhaltung, z. B. Depositum (Tit. 14) u. s. w. und daß die dinglichen und persönlichen Rechte, d. h. Forderungen und Rechte an fremdem Eigenthum (Tit. 19—23) nicht nur zusammengestellt, sondern auch vermischt werden, worauf freilich, den Verfassern unbewußt, auch Germanische Principien Einfluß geübt haben.

Auch das Erbrecht aus letztem Willen erscheint nur als Titel des Eigenthumserwerbs (I, §. 112) die Intestaterbfolge als Annexum des Familienrechtes (II, 2), also nicht in seinem eigenthümlichen Zusammenhang.

Doch die angeführten Beispiele werden zu dem Beweise genügen, daß das System des Landrechts ebenso wenig die Grundlage einer darauf zu bauenden Jurisprudenz, insbesondere der dem Richter empfohlenen Ergänzung seiner Lücken durch Analogie, sein konnte, als seine gehäufte Casuistik dazu veranlaßte. Nur der Rückgang auf die Principien des Römischen und des Germanischen Rechts, verglichen mit der damaligen Doctrin, die wir soeben in einzelnen Lehren versucht haben, hätte dazu führen können; aber die ganz selbständige Geltung des neuen Gesetzbuches schien diesen Rückgang auszuschließen. War doch auch die Auslegung des Gesetzbuches dem Richter nur mit Hülfe der Grammatik und der nächsten unzweifelhaften Ratio Legis, zu welcher die Quellen desselben nicht gehören, gestattet.

Kein Wunder also, daß, was man eine Preußische Jurisprudenz nennen könnte, in den achtzig Jahren nach Publication des Landrechts nicht entstanden ist, weder in der Schule, noch in den Gerichtshöfen.

Zwar das Studium des gemeinen Rechts auf Preußischen oder andern Deutschen Universitäten wurde gefordert, da jeder Rechtscandidat in dem ersten, Auscultator-Examen, nur aus diesem geprüft wurde. Und als in den zwanziger Jahren dieses auch auf das Landrecht ausgedehnt und Vorlesungen über dasselbe in die Zahl der gesetzlich nothwendigen aufgenommen wurden, hätte, wie es scheint, die wissenschaftliche Behandlung desselben auch der Praxis zu Gute kommen und eine freie

Jurisprudenz der Gerichtshöfe erzeugen müssen. Auch ein Anfang literarischer Behandlung des Preußischen Rechts wurde damals von Bornemann, Ueber Rechtsgeschichte, Berlin 1825, gemacht, der aber nur wenig Nachfolge fand. Eine umfassende Bearbeitung des Preußischen Rechts in diesem Sinne liegt jetzt vor: Förster, Theorie und Praxis des heutigen gemeinen Preußischen Privatrechts. 4 Bände. Dritte Auflage. Berlin 1873. 74. 8., die auf die Preußische Praxis den glücklichsten Einfluß zu üben geeignet ist, jetzt aber als Vorarbeit dem bürgerlichen Gesetzbuch des Deutschen Reichs seine Frucht bringen wird. Die umfangreichste an das Landrecht sich anschließende Literatur giebt theils dankenswerthe Mittheilungen aus den Materialien des Gesetzbuches, theils trägt sie die zahlreichen neueren Gesetze und Verordnungen zusammen, die der praktische Jurist unmöglich alle im Gedächtniß haben kann, dient also der Gesetzeskunde, aber nicht der Jurisprudenz. Die Kluft, welche das Gesetzbuch zwischen Theorie und Praxis gezogen hatte, wurde also auch dadurch nicht überbrückt. Zwar ist nicht zu bezweifeln, daß die ausgezeichneten und hochgebildeten Männer der Preußischen Justiz, von denen auch ich nicht Wenige persönlich zu kennen die Ehre habe, von der auf der Universität gewonnenen juristischen Bildung Gebrauch gemacht und unausgesprochen das Gesetzbuch aus seinen Quellen ausgelegt und die analoge Ergänzung desselben aus denselben gezogen haben. Allein da dieß Verfahren keine gesetzliche oder sonst officielle Anerkennung hatte, ja das Gesetzbuch selbst es eigentlich ausschloß, so mußte dasselbe ein individueller Vorzug bleiben und konnte nicht die Grundlage der Rechtspflege im Ganzen bestimmen. Auch die Entscheidungen des Obertribunals konnten eine zusammenhängende Jurisprudenz nicht erzeugen, da sie nur Präjudicien über vereinzelte Rechtsfragen bilden.

Man wird es vielleicht ein gewagtes Urtheil nennen, wenn Schreiber dieses, der der Preußischen Justiz nie angehört hat, behauptet, daß im Großen und Ganzen die Prozesse in der oben beschriebenen Weise, durch Aufsuchung des entscheidenden Paragraphen und in dessen Ermangelung nach einem vermeintlichen Naturrecht, entschieden zu werden pflegen. Aber er hat lange genug in Preußen gelebt und hinreichend viele Wahrnehmungen mannichfaltiger Art machen können, um diese seine Ansicht zu begründen. Freunde haben ihm bezeugt, daß sie nach ihrem Eintritt in den praktischen Justizdienst die in der Schule gewonnene juristische Bildung kaum festzuhalten und der Knechtschaft des Buchstabens sich zu entziehen vermochten, während Andere bei dem Uebertritt aus den alten Preußischen Provinzen in ein Gebiet des gemeinen Rechts wie in freierer Luft aufathmeten. Ja man versichert, daß nicht selten den Rechtscandidaten gleich Anfangs bei ihrem Eintritt in die Praxis gesagt worden, was sie auf der Universität gelernt, gelte hier nichts, das Landrecht müßten sie studiren, d. h. auswendig lernen. Es ist bekannt, daß die Vorbereitung auf die erste Prüfung unter Anderen in der Einsamkeit eines Ortes nahe bei Berlin durch Männer besorgt wurde (vielleicht noch wird), die in dem öffentlichen Prüfungstermin die gewöhnlichen Fragen der Examinatoren erlernten und die Candidaten darauf vorbereiteten. Die neuerdings eingeführte Theilnahme eines Professors an diesen Prüfungen gereicht, nach Allem was ich höre, mehr zu dessen Demüthigung und Qual, als zur Hebung des Geschäfts auf die wissenschaftliche Höhe. Ein unlängst in die Preußische Justizverwaltung eingetretener höherer Beamte soll, nicht unrichtig, geäußert haben: das gemeine Recht sei in Preußen ein Luxusartikel. Eine oberflächliche, auf unbestimmten Reminiscenzen beruhende Kenntniß desselben, wie sie kürzlich in einem großes Aufsehen erregenden Criminalprozeß neben andern juristischen Ungeheuerlichkeiten in der Berufung eines Richters erster Instanz auf: dolus superveniens non nocet!? hervortrat, ist freilich noch schlimmer als absolute Unkenntniß.

Wenn dagegen die Promptheit der Preußischen Justiz, die Unbestechlichkeit, Pflichttreue und Arbeitsamkeit ihres Personals mit vollem Recht gerühmt wird, so sind wir weit entfernt, diese edle Frucht des strammen Fridericianischen Geistes, der in allen Zweigen der Preußischen Verwaltung herrscht, gering zu achten. Aber den Mangel echter Jurisprudenz, die dem Beruf der Richter und Rechtsanwälte ihre höhere geistige Würde sichert und dem Volke wahrhaft gerechte Entscheidungen verbürgt, können sie nicht ersetzen, und insofern dieser Mangel durch das Gesetzbuch selbst verschuldet ist, muß diese

Erfahrung bei einem ähnlichen neuen Unternehmen zur Lehre und Warnung dienen.

Auch zu dem Österreichischen Gesetzbuch gab unter der Regierung der großen Kaiserin Maria Theresia der rationalistische Reformtrieb des vorigen Jahrhunderts den ersten Anstoß, unter Kaiser Joseph II., der von demselben in noch höherem Grade erfüllt war, begann die Bearbeitung und im Jahre 1811 wurde das Gesetzbuch publicirt, das deßhalb den Charakter dieser Periode trägt. Zwar sollte es nach der Vorschrift der Kaiserin weniger auf das Römische Recht, als auf natürliche Billigkeit gegründet werden, und wirklich zeigt es insofern eine gewisse Originalität, als z. B. die wichtige Lehre des Intestaterbrechts, ohne alle Rücksicht auf Justinians Nov. 118, die Germanische Parentelen-Erbfolgeordnung angenommen hat, die ohne Zweifel den Verfassern jener natürlichen Billigkeit mehr zu entsprechen schien. Allein da der Stoff des Gesetzbuches nicht, wie bei dem Preußischen Landrecht, aus den Quellen des Römischen Rechts gezogen, sondern durch einen Auszug aus den praktischen Schriftstellern älterer und neuerer Zeit gebildet wurde, so mußte die unvollkommene Doctrin, in der Römische und Germanische Elemente mehr unbewußt vermischt werden, einen ganz ähnlichen nachtheiligen Einfluß auf das Werk üben, wie bei Jenem, wofür auf die von Savigny angeführten Beispiele zum Beweise verwiesen werden kann. Nur darin unterscheidet sich das Gesetzbuch von dem Preußischen Landrecht, daß es nicht die vollständige Entscheidung aller denkbaren Rechtsfälle anstrebt, sondern nur die Begriffe der Rechtsverhältnisse und die allgemeinsten Regeln für dieselben aufstellt. Um so wichtiger aber war es, nach welchen Grundsätzen es ausgelegt und ergänzt werden sollte. In letzterer Beziehung verweist das Gesetzbuch selbst auf die Analogie der wirklich darin entschiedenen Rechtsfälle und auf das Naturrecht. Allein daß Letzteres nur dahin führen könne, „die Urtheile nach einer eingebildeten Billigkeit (aequitas cerebrina), also im Grunde nach Willkühr zu fällen", ist von Einem der letzten Bearbeiter desselben selbst anerkannt worden. Und Beides, Interpretation des Gesetzbuchs und analogische Ergänzung desselben, setzte einen Zustand der Rechtswissenschaft voraus, der in Oesterreich nicht vorhanden war, ja der bei seiner Abschließung gegen die Deutschen Universitäten und den literarischen Verkehr mit Deutschland mehr und mehr sinken mußte. Ein entscheidendes Zeugniß dafür, daß dieß wirklich der Fall war, hat in neuerer Zeit ein ausgezeichneter Österreichischer Jurist und Staatsmann, Unger, abgegeben. In dem Anhang zu seinem „System des Österreichischen allgemeinen Privatrechts, dritte Auflage, Leipzig 1876“ schildert er „die Entwicklung der Österreichischen Civiljurisprudenz seit der Einführung des allgemeinen bürgerlichen Gesetzbuches“. Er unterscheidet darin zwei Perioden. Von der ersten, der Zeit der Entstehung des Gesetzbuchs, rühmt er, daß die damaligen Juristen, also auch die Verfasser, sich noch unmittelbar mit den Quellen beschäftigt, und insofern noch eine wenn auch mangelhafte juristische Bildung besessen. „Vom Standpunkt der heutigen Rechtswissenschaft“ freilich, sagt er, „wird sich in ihren Schriften nur Weniges finden lassen, dem man seine Beistimmung zu geben im Stande wäre; sie verhalten sich zu heutigen Darstellungen wie Dabelow's oder Thibaut's Pandekten zu Savigny's und Puchta's System“. Die zweite Periode aber, seit Einführung des Gesetzbuches, bezeichnet er als die Zeit der Stagnation, die ihren Höhepunkt in den Jahren von 1830 bis 1840 erreicht habe und bis auf diesen Tag dauere. In dieser Periode herrsche der Buchstabendienst und aller Scharfsinn werde nur dazu aufgeboten, um aus dem einen oder andern Wort des Gesetzbuches heraus eine neue Interpretation zu gewinnen. Kurz (wie ich seinen Gedanken ausdrücken möchte), es bewähre sich hier das allgemeine Naturgesetz des Geistes, daß wenn eine Generation durch die Erzeugnisse der früheren nicht zur Erforschung ihrer Genesis, Erfassung ihres Geistes und zu tieferem Eindringen in ihr Objekt und also zum Fortschritt angeregt werde, sondern sich auf dieselben als ein Gegebenes, vermeintlich Vollendetes beschränke, sie nothwendig unter das geistige Niveau derselben sinken müsse. Sapienti sat: vestigia terrent! Möchten, nachdem die chinesische Mauer, die Österreich von Deutschland geistig trennte, seit 1848 gefallen ist, die seitdem neu aufgeblühten Österreichischen Hochschulen und die Akademie der Wissenschaften in Wien, die so edle Kräfte für Geschichte und Rechtswissenschaft in sich schließen, auch der praktischen Jurisprudenz zu Gute kommen und in nicht zu ferner Zukunft eine gründliche Revision des Gesetzbuches ermöglichen.

Der Code Napoléon oder civil, wie er jetzt zum zweitenmal wieder heißt, gehört zu den Maaßregeln, durch welche Bonaparte als erster Consul, dann (seit 1804) als Kaiser in seinem instinktiven Sinne für die Ordnung die Revolution schließen wollte, ohne die Principien von 1789, soweit sie seinen Zwecken nicht widerstrebten, zu verleugnen. Er erwies durch dieses Gesetzbuch Frankreich die große Wohlthat, daß während der fünf Staatsumwälzungen, die es nachher noch erfuhr, und der anderen, denen es unvermeidlich entgegengeht, die allgemeine Grundlage des bürgerlichen Rechts unerschüttert dieselbe blieb und ohne Zweifel ferner bleiben wird. Auch hat es, nebst anderen Maaßregeln, die alle provinzielle Besonderung rechtlich aufhoben, dazu beigetragen, das einheitliche Selbstgefühl der Nation zu stärken, welches Frankreich so lange ein ihr schmeichelndes, aber unnatürliches Uebergewicht in Europa verschaffte. Daß sein Inhalt sowohl durch die Ideen von 1789, in ihrer Berechtigung und Nichtberechtigung, als durch den tiefen Abfall, den die Rechtswissenschaft in Frankreich seit den großen Rechtslehrern des sechszehnten Jahrhunderts von Stufe zu Stufe erlitten hat, bestimmt wurde, war natürlich und ist zu bekannt und unserer Aufgabe fremd, um hier erörtert zu werden. Wir haben es auch hier nur mit dem Verhältniß des Gesetzbuchs zu der neben ihm bestehenden Jurisprudenz und mit seinen formellen Eigenschaften, welche dieses Verhältniß bestimmen, zu thun.

Entscheidend war in dieser Beziehung im Gegensatz zu der theoretischen Richtung des Deutschen Geistes die den Franzosen eigenthümliche praktische Begabung, welche die Mängel der Schule bis auf einen gewissen Punkt aufwog. Dem Code sind daher die unfruchtbaren, falsch systematisirenden Allgemeinheiten, die in dem Preußischen Landrecht und dem Österreichischen Gesetzbuch einen so großen Raum einnehmen, fremd und an Stelle des lehrhaften Tones derselben redet er durchweg gebietend, was fortan Recht sein soll. Im Ausdruck wird er durch die der Französischen Sprache eigene Klarheit und Präcision und durch die aus dem Lateinischen überkommenen technischen Bezeichnungen der wichtigsten Rechtsbegriffe unterstützt.

Allerdings hat der moderne Buchstabendienst und der dem Französischen Gerichtswesen eigene Formalismus doch eine Specialisirung der Rechtsvorschriften zur Folge gehabt, die zur Nachahmung nicht empfohlen werden kann. Aber daß bei der unendlichen Mannichfaltigkeit des bürgerlichen Verkehrs eine absolute Vollständigkeit des Gesetzbuchs durch hypothetische Entscheidung aller denkbaren Fälle unmöglich sei, und daß erfahrungsmäßig sehr viele, ja die meisten Prozesse nicht nach dem Buchstaben des Gesetzes, sondern nach etwas Anderem entschieden zu werden pflegen, stand den Verfassern fest und sie rechneten deßhalb auf die Ergänzung des Gesetzbuches durch dieses Andere. Der Code selbst zwar spricht sich über dieß Bedürfniß und wodurch es zu befriedigen sei, direkt nicht aus. Indirekt aber verweist er darauf durch die Bestimmung des Art. 4, wonach der Richter, der unter dem Vorwand des Schweigens oder der Unklarheit oder der Insufficienz des Gesetzes das Urtheil verweigere, wegen Justizverweigerung verfolgt werden kann. Denn sie enthält die doppelte Voraussetzung: einmal daß dem Richter die Mittel nie fehlen werden, den wahren Sinn des Gesetzes zu finden, welches eben nur durch Jurisprudenz, d. i. den Rückgang auf die Quellen und Motive des Gesetzes geschehen kann, und zweitens, daß er auch im Fall des Schweigens oder der Insufficienz des Gesetzbuches aus etwas Anderen als dem Text seine Entscheidung schöpfen könne. Darüber, was dieses Andere sei, haben die Verfasser in den Berathungen des Staatsraths sich allerdings so schwankend ausgesprochen, daß man sieht, klar waren sie über die eigentliche Natur desselben keineswegs. Aber Alles zusammenfassend kann es nur als Jurisprudenz der Schule und der Gerichtshöfe in dem oben näher bestimmten Sinne bezeichnet werden, ein Begriff, der unter dem Namen jurisprudence den Verfassern aus der Erfahrung sehr wohl bekannt war. Und wie unvollkommen auch der Unterricht in den Rechtsschulen und die juristische Literatur ihrer Zeit sein mochte: der praktische

Sinn der Nation, ihr Sinn für das Leben und das Geschick seiner Behandlung ersetzte auf gewisse Weise auch diesen Mangel.

Es sind wunderbare Widersprüche, welche dieser Sinn für das wirkliche Leben mit der besonders in neuerer Zeit hervortretenden Neigung zu Abstractionen in Frankreich und den Franzosen friedlich nebeneinander bestehen läßt. Was gehört mehr zu den Axiomen des Französischen Geistes als die sociale Gleichheit! Und doch wird nirgends der Vorzug des Reichthums und der Geburt thatsächlich so allgemein als etwas Selbstverständliches anerkannt, als in Frankreich. Die Franzosen rühmen sich ein freies Land zu bewohnen und sehen mitleidig auf Deutschland herab, das in dieser Beziehung noch in den Windeln liege. Aber nicht nur haben sie zweimal seit ihrer glorreichen Revolution von 1789, das erstemal um den Preis des Ruhms, das zweitemal um der socialen Ruhe willen, während Decennien sich der schmählichsten Despotie unterworfen, sondern dulden bis zur Stunde in der Präfektur und Mairie einen Absolutismus der Verwaltung, der jede Communalfreiheit in der Provinz und der Gemeinde ausschließt. Ihre Neuerungssucht endlich ist sprichwörtlich, leider auch ein verführerisches Vorbild für Andere geworden, die jede Aenderung für einen Fortschritt halten. Und doch besteht in Frankreich ein instinktiver Conservatismus in Bezug auf gewisse Lebensformen und Einrichtungen, der Jenen zur Beschämung dienen kann.

Zu diesen Lebensformen, die aus der altfranzösischen Zeit stammen und alle politischen und socialen Umwälzungen überdauert haben, gehört die Magistratur und das Barreau, mit ihrem esprit de corps und ihrer anerkannten Würde und Popularität. Ist doch das Palais de Justice mit seiner herrlichen Sainte Chapelle, das ehrwürdige Symbol und Centrum ihrer Thätigkeit, selbst von der Zerstörungswuth der Communards verschont geblieben. Diese Körperschaften nun waren und sind noch die Träger einer traditionellen Jurisprudenz, die zwar nicht aus der Schule, aber aus dem Leben stets neue Elemente in sich aufnimmt und durch eine höchst achtbare praktische Literatur unterstützt wird. Es wäre sehr interessant, von einem so scharfen und unbefangenen Beobachter wie Hillebrandt in seinem vortrefflichen Buch „Frankreich und die Franzosen“ zu erfahren, ob jener esprit de corps und die traditionelle Jurisprudenz sich auch in der Gegenwart lebendig genug erhalten hat, um dem Volke eine vollkommen unbestechliche und unpartheiische Rechtspflege zu sichern. Auch darüber wünschte man Aufschluß, ob die neuerdings in der Schule und Literatur hervorgetretenen ausgezeichneten wissenschaftlichen Kräfte der praktischen Jurisprudenz zu Gute kommen. Jedes Falls kann hierin, in der Anerkennung und Achtung vor einer freien, das Gesetzbuch erläuternden und ergänzenden Jurisprudenz der Gerichtshöfe Frankreich uns zum Vorbilde dienen, zumal wir in der glücklichen Lage sind, dieselbe durch eine fortgeschrittene Rechtswissenschaft zu läutern und geistig zu heben.

IV.

Das bürgerliche Gesetzbuch für das Deutsche Reich.

Nachdem wir die drei berühmtesten Gesetzbücher aus dem Ende des vorigen und dem Anfang dieses Jahrhunderts in ihrem Verhältniß zur Jurisprudenz betrachtet, wenden wir uns der großen vorliegenden Aufgabe, der in Angriff genommenen Abfassung eines bürgerlichen Gesetzbuches für das Deutsche Reich, in derselben Hinsicht zu.

Ueber die Vorfrage, ob mit dem unleugbaren Fortschritt, den die Rechtswissenschaft in den seit 1814 verflossenen sechszig Jahren gemacht hat, auch die Einsicht in die Bedingungen, Ziele und Grenzen der Aufgabe, so wie die darauf gegründete Gesetzgebungskunst in gleichem Maaße gewachsen sei und ihre glückliche Lösung hoffen lasse, geben die ähnlichen, partikulären Unternehmungen der neuesten Zeit die sicherste Auskunft. Wir beschränken uns zu diesem Behuf auf das bürgerliche Gesetzbuch für das Königreich Sachsen, die Bairischen Entwürfe für einzelne Theile eines solchen und den Entwurf eines Deutschen Reichsgesetzes über das Erbrecht von Dr. Friedrich Mommsen, Consistorialpräsident in Kiel, früher Professor der Rechte in Göttingen, über deren Entstehungsgeschichte für nichtjuristische Leser ich kürzlich Folgendes bemerke.

Im Königreich Sachsen wurde schon in den Jahren 1846 bis 1852 im Auftrag des Justizministeriums der Entwurf eines bürgerlichen Gesetzbuches ausgearbeitet und zur Beurtheilung der Sachverständigen veröffentlicht, dann revidirt zu gleichem Zweck 1860 publicirt und etwas übereilt in demselben Jahr dem Landtag zur Genehmigung vorgelegt; auch ward dasselbe im folgenden Jahre mit geringen Abänderungen angenommen, endlich unter dem 2. Januar 1863, mit Gesetzeskraft vom 2. März 1865 ab, publicirt.

In Baiern ist es nur zu Entwürfen einiger Haupttheile des Gesetzbuches für das ganze Königreich gekommen, die zur Beurtheilung der Sachverständigen veröffentlicht wurden; im Jahr 1860 die beiden Hauptstücke über Rechtsgeschäfte und Schuldverhältnisse, und im Jahr 1864 über die Sachen und den Besitz und die Rechte an Sachen.

Der Mommsen'sche Entwurf eines Reichsgesetzes über das Erbrecht wurde im Jahr 1874 durch die Preisaufgabe des Juristentags, der auch sonst durch Anregung der allgemeinen Deutschen Gesetzgebung sich große Verdienste erworben, hervorgerufen und als gekrönte Preisschrift von dem Verfasser (Braunschweig 1876) herausgegeben.

Eine detaillirte Beurtheilung dieser verschiedenen legislatorischen Arbeiten ist nicht dieses Orts. Im Allgemeinen zeigen sie in höchst erfreulicher Weise den außerordentlichen Fortschritt Deutscher Rechtswissenschaft, aus welcher sie hervorgegangen sind. Indessen haben, wie ich glaube, die Verfasser der beiden ersten officiellen Werke der Versuchung, nicht bloß die praktische Frucht, sondern die Rechtswissenschaft selbst in dem Gesetzbuch erscheinen und der freien Jurisprudenz nicht hinreichenden Raum zu lassen, zu viel nachgegeben, wie auch Lang in seiner trefflichen kritischen Beleuchtung des Bairischen Entwurfs von 1860 (München 1861. 8.) S. 28 bemerkt und wofür im Folgenden einzelne Belege gegeben werden sollen. Dagegen scheint mir der Mommsen'sche Entwurf in dieser Beziehung wahrhaft mustergültig; denn er giebt mit Vermeidung aller nur für die Rechtslehre nützlichen allgemeinen Uebersichten, Definitionen und Eintheilungen, nur praktisch bedeutende Rechtssätze, denen ein klar erkanntes Rechtssystem zum Grunde liegt und die in den Motiven historisch-politisch in befriedigendster Weise begründet werden. Auch scheint mir im Text der gebietende Ton des Gesetzes glücklich getroffen, der doctrinäre eines Lehrbuches durchaus vermieden.

Zur Geschichte des in Arbeit befindlichen Reichsgesetzbuches erinnern wir daran, daß nach manchen vergeblichen Anläufen, insbesondere dem Versuch einen Entwurf über das für den Verkehr vorzüglich wichtige und am leichtesten einheitlich zu construirende Obligationenrecht zu Stande zu bringen, das Reichsgesetz vom 20. Dezember 1873 durch Erweiterung der Competenz der Reichsgewalt auf das gesammte bürgerliche Recht den entscheidenden Schritt that. In Ausführung dieses Gesetzes wählte der Bundesrath durch die Beschlüsse vom 2. Februar und 19. März 1874 eine Vorcommission zur Berathung des Plans und der Methode für die Aufstellung des ersten Entwurfes. Diese erstattete schon unter dem 15. April ihren Bericht, dem der Ausschuß des Bundesrathes in seinem Bericht vom 6. Juni und dieser selbst in allen wesentlichen Stücken beitrat. Nun wurde von demselben die Redactions-Commission gewählt, deren Mitglieder zu kennen dem größeren Publikum gewiß von großem Interesse ist. Es sind unter dem Vorsitz des Präsidenten des Reichsoberhandelsgerichts in Leipzig Dr. Pape, der Oberappellationsgerichts-Präsident von Weber in Dresden, der Obertribunal-Director v. Kübel in Stuttgart, der Bairische Ministerialrath Schmitt, der Preußische Obertribunalrath Johow, der Preußische Ministerialrath Kurlbaum, der Badische Ministerialrath Gebhardt, der Appellationsgerichtsrath Planck in Celle, der Landgerichts-Präsident Derscheid in Colmar und die Professoren Windscheid in Leipzig und Roth in München. Die Commission besteht also aus hochgestellten praktischen Juristen und zwei im Römischen und im Deutschen Recht bewährten Rechtslehrern. Von ihrem Zusammentritt und ihren ersten Arbeiten hat das Würtembergische Mitglied derselben, v. Kübel, in dem Würtembergischen Gerichtsblatt IX, S. 4 folg. und X, S. 371 folg. Nachricht gegeben.

Obgleich mir die Anmaßung fern liegt, mich in den hohen Rath dieser würdigen Männer einzudrängen, so wird es mir, da ich die Erscheinung des Entwurfs zur öffentlichen Beurtheilung bei meinem hohen Alter kaum erleben werde, als Einem, der in der Liebe zu unserm Volk und Vaterlande Keinem nachstehen möchte, und sich in der Rechtswissenschaft als Lehrer und Schriftsteller, in der Praxis leider nur als Mitglied urtheilender Juristenfacultäten versucht hat, wohl gestattet sein, schon jetzt Ansichten und Wünsche auszusprechen, die ich übrigens dem höheren Ermessen der Commission und anderer Sachverständigen lediglich anheimgebe. Sie betreffen nur das in diesen Blättern überhaupt besprochene Verhältniß zwischen Jurisprudenz und Codification.

Die Frage, welches der beiden Rechtssysteme, die in Deutschland vermischt bestehen, das Römische oder ursprünglich Deutsche, dem Gesetzbuch zu Grunde zu legen sei, scheint keiner Erörterung unterworfen worden zu sein, vielmehr hat man, wie bei jenen früheren Arbeiten, als selbstverständlich das erste zur allgemeinen Grundlage genommen. Und mit Recht. Denn wenngleich die neuere Rechtswissenschaft erkannt hat, daß insofern auch von einem gemeinen ursprünglich Deutschen Recht die Rede sein kann, als alle seine Institute auf gemeinsamen Ideen beruhen und eine organische Gesammtheit bilden, so hat diese sich doch zu solcher Mannichfaltigkeit entfaltet, daß ihr System für jenen Zweck nicht geeignet ist. Dagegen hat thatsächlich das Römische Recht vermöge seiner einheitlichen Abgeschlossenheit und scharfen begrifflichen Entwicklung die Natur eines in Deutschland geltenden gemeinen Rechts angenommen, das nur durch unsere nationale Sitte und Rechtsanschauung auf vielen Punkten modificirt ist und dem einzelne Deutsche durch die neuere Jurisprudenz mit ähnlicher Schärfe entwickelte Institute an die Seite treten.

Auch in dieser Beziehung scheint mir der Mommsen'sche Entwurf musterhaft. Die gründliche Kenntniß beider Systeme hat es dem Verfasser möglich gemacht, indem er das so consequent durchgebildete System des Römischen Erbrechts zur Grundlage nahm, mit völliger Geistesfreiheit die historischen Besonderheiten der Römischen Jurisprudenz, die keinen Werth mehr für uns haben, z. B. die Regel: nemo pro parte testatus, das ius accrescendi der Miterben, das Verhältniß der Universal- und Singularsuccession von Todeswegen u. A. bei Seite zu setzen und die davon abgeleiteten praktischen Rechtssätze durch Zurückführung auf den allein entscheidenden Willen des Erblassers zu begründen und zu modificiren. Als eigenthümlich Deutsches, jedoch gemeinrechtliches Institut mußte der Erbvertrag neben dem Testament seine Stelle finden. Für die Intestatsuccession hat er als unsern Familiengefühlen mehr entsprechend, wie ich glaube mit Recht, die Deutsche Parentelen-Erbfolgeordnung Justinians principloser Novelle 118 substituirt, ferner die politisch für Erhaltung eines kräftigen Bauerstandes so wichtige Untheilbarkeit und Erbfolge in Bauergüter ausdrücklich der Partikulargesetzgebung vorbehalten. Dasselbe kann auch für das Güterrecht der Ehegatten in dem bürgerlichen Reichsgesetz geschehen oder die Begründung der allgemeinen Gütergemeinschaft und der Gemeinschaft des Erwerbs der Autonomie überlassen werden.

So wichtig es ist, daß dem Gesetzbuch ein klar gedachtes Rechtssystem zum Grunde liege und auch die Anordnung desselben bestimme, so wenig scheint es mir doch nothwendig oder selbst räthlich, daß es in demselben durch äußere Abtheilungen und deren Ueberschriften sichtbar werde. Diese sind zwar allgemein herkömmlich, selbst der Code Napoleon hat solche, obgleich, wie billig, die einzelnen Artikel mit fortlaufenden Zahlen bezeichnet sind, und sie erleichtern die Uebersicht und Auffindung des Einzelnen. Allein dem Juristen, dem das System vorschwebt, sind sie in dieser Hinsicht entbehrlich und der Laie sucht doch die Einzelbestimmung, die ihn interessirt, im systematischen oder alphabetischen Register auf. Sie sind aber hemmend für die Anordnung des Inhalts. Wohl nur, weil Schenkung und Vergleich ebensowohl dem Sachenrecht als dem Obligationenrecht angehören können, hat der Bairische Entwurf nach strenger Systematik, aber unpraktisch, sie in die allgemeine Lehre von den Rechtsgeschäften, also vor jene beiden Specialtheile, gestellt, das Sächsische Gesetzbuch unsystematisch, d. h. im Widerspruch mit der Rubrik, unter den obligatorischen Verträgen abgehandelt. Abstrahirt man von solchen Abtheilungen und Rubriken, so finden beide Geschäfte am Schluß des Sachenrechts und Obligationenrechts, die sie voraussetzen, ihre passende Stelle, und ebenso vieles Andere.

Die Verbindungsglieder des Gesetzbuchs mit dem Rechtssystem und der Jurisprudenz bilden die technischen Namen für die einzelnen Begriffe und Institute und sind insofern von großer Bedeutung. Andrerseits sind sie den Laien oft unverständlich und beschränken insofern die wünschenswerthe Popularität des Gesetzbuchs. Sehr richtig hat daher schon die

Vorcommission des Bundesraths eine Vermittlung beider Rücksichten empfohlen. Mit vollem Recht hat in diesem Sinn Mommsen das Wort Testament beibehalten; er hätte selbst in §. 337 hinter „Schrift" in Klammern „Codizill" sagen können, da beide Ausdrücke im gemeinen Leben ziemlich gäng und gebe sind. Das Sächsische Gesetzbuch hat es selbst gewagt, von der Confessorien- und Negatorienklage zu sprechen, weil ein ganz bezeichnendes Deutsches Wort für diese wichtigen Rechtsbegriffe fehlt. Für die Eigenthumsklage gegen den dritten Besitzer der Sache ist das Wort Vindication und Vindiciren gewiß allgemein verständlich und technisch wichtig.

Ziehen wir nun den Inhalt des Gesetzbuchs in Betracht, so sind eigentlich nur drei Hauptgegenstände zu unterscheiden, deren Verhältniß zu einander auch ihre Reihenfolge bestimmt: das (objektive) Recht selbst, die Person, welche dasselbe in seiner Totalität repräsentirt, und die (subjektiven) Rechte, d. h. die von dem Recht anerkannten und geregelten einzelnen Beziehungen der Person zur Außenwelt.

Die Entstehung des objektiven Rechts, insofern es auf Gesetzen beruht, die der Code erwähnt, bedarf keiner näheren Bestimmung in dem bürgerlichen Gesetzbuch, da es dieselbe aus dem öffentlichen Recht entlehnt. Die Geltung des Gewohnheitsrechts aber als einer eigenthümlichen Entstehungsform bedarf bestimmter und zwar nur beschränkter Anerkennung. Denn dasselbe dem Gesetz völlig gleich zu stellen, also auch die Abrogation des Gesetzes durch Gewohnheit anzuerkennen, empfiehlt sich nicht, weil dadurch dem Mißbrauch Thür und Thor geöffnet wird, überdieß in unserer legislatorisch nur zu regsamen Zeit den veränderten Bedürfnissen alsbald auch durch Gesetz abgeholfen zu werden pflegt. Höchst bedenklich erscheint mir dagegen die Bestimmung des Sächsischen Gesetzbuchs in §. 4, daß wenn die Gründe eines Gesetzes weggefallen sind, das ausschließlich darauf beruhende Gesetz seine Kraft verlieren soll, weil sie das Urtheil des Richters über das Gesetz stellt.

Es bleibt also nur die Frage, ob eine Ergänzung des Gesetzbuchs durch Gewohnheitsrecht, durch allgemeine oder lokale Gewohnheiten, zugelassen werden soll. Jenes hat das Handelsgesetzbuch gethan, weil in der That der Gebrauch (Uso) eine sehr fruchtbare und anerkennenswerthe Rechtsquelle im Handelsverkehr und dieser in Deutschland ein einheitlicher ist. Für andere Zweige des bürgerlichen Rechts dürften nur lokale und provinzielle Gewohnheiten in Betracht kommen und als zur Ergänzung des Gesetzbuchs unbedenklich zuzulassen sein. Das Sächsische Gesetzbuch §. 28 läßt keinerlei Gewohnheitsrecht mit Gesetzeskraft zu, was dem gegenwärtigen Stande der Wissenschaft nicht entspricht (vgl. Wächter, Deutsche Gesetzgebung und Gesetzbücher, in Rotteck und Welcker, Staatslexikon S. 19), will aber Gewohnheiten berücksichtigt wissen, soweit Rechte durch die Willkühr der Betheiligten begründet werden können, und anzunehmen ist, daß die Betheiligten das in gleichartigen Fällen Gewöhnliche beobachten wollen, eine Vorschrift, welcher eine Verwechslung von objektivem Recht und geschäftlicher Autonomie zum Grunde liegt. Vermöge derselben Verwechslung war es früher üblich, den Beweis des Gewohnheitsrechts der Parthei, die sich darauf beruft, aufzuerlegen, während der Richter, der es zur Anwendung bringen will, sich von Amtswegen durch alle ihm zu Gebote stehenden Mittel die Ueberzeugung von seiner Existenz verschaffen muß, was in dem Gesetzbuch ausdrücklich auszusprechen sein dürfte.

Bei Weitem das Wichtigste ist aber die Bestimmung der Anwendbarkeit der Gesetze rücksichtlich der Zeit, die regelmäßige Ausschließung ihrer rückwirkenden Kraft, und rücksichtlich des Orts, eine weniger einfache Aufgabe, in deren Lösung die Verfasser durch die Fortschritte der in- und ausländischen Jurisprudenz unterstützt werden.

Höchst wichtig ist ferner, was das Gesetzbuch über die Auslegung der Gesetze sagt. Die Verweisung auf die Sprachgesetze und die logischen Kategorien des Grundes und Zweckes des Gesetzes (worauf das Sächsische Gesetzbuch §. 22 sie beschränkt) genügt nicht, sondern wenn dem Richter nicht der Rückgang auf das Recht, aus dem die gesetzliche Bestimmung hervorgegangen ist, mit Einem Wort die historisch-systematische Auslegung gestattet und ausdrücklich in dem Gesetzbuch anerkannt ist, so wird die Jurisprudenz der Deutschen Gerichtshöfe auf das Preußische oder Oesterreichische Maaß beschränkt und die Rechtswissenschaft in der Schule und der Literatur zum

Luxusartikel herabgesetzt. Ich freue mich, mich hierfür abermals auf die gewichtige Autorität von Wächter (a. a. O. S. 20) berufen und jeden Sachkundigen fragen zu können, ob nicht in Mommsen's Entwurf die vortrefflichen, auf das frühere Recht zurückgehenden Motive den Text in höchst fruchtbarer Weise erläutern. Möchte die Redactions-Commission für Entwerfung des bürgerlichen Reichsgesetzbuchs sich auch über Fassung der Motive ihrer Beschlüsse in diesem Sinn einigen und dieselben der Publication ihres Entwurfs hinzufügen, als wichtiges Directiv für die Auslegung des Gesetzes durch den Richter. Denn freilich, die von Einem Mitgliede verfaßten Motive des zweiten Sächsischen Entwurfs oder die häufig sich widersprechenden Beweggründe parlamentarischer Versammlungen, die nur vermöge eines Compromisses zu demselben Resultat geführt haben und in den stenographischen Berichten verzeichnet werden, können diesen Dienst nicht leisten. Wenn auf diese Weise das frühere Recht als Hülfsmittel der Auslegung in dem Gesetzbuch anerkannt wird, so ist es damit nicht zu einem Hülfsrecht erhoben. Diesem Mißverständniß vorzubeugen, wird die Commission leicht eine angemessene Formulirung finden.

Von größter Wichtigkeit ist endlich, was das Gesetzbuch über die Ergänzung seiner unvermeidlichen Lücken sagen wird. Daß dafür das Naturrecht zu Hülfe genommen werde, wie noch der erste Sächsische Entwurf gethan, ist nicht mehr zu fürchten. Ohne Zweifel wird der Richter auf die Analogie verwiesen werden. Aber es kommt darauf an, den Begriff derselben richtig zu bestimmen und einen unzweideutigen Ausdruck dafür zu finden. Ich bin so glücklich, mich auch in dieser Beziehung auf die Autorität eines unserer ausgezeichnetsten älteren Rechtslehrer berufen zu können. Wächter, in seiner Schrift: Der Entwurf eines bürgerlichen Gesetzbuchs für das Königreich Sachsen (der erste). Ein Beitrag zur Beurtheilung desselben. Leipzig 1854. 8., spricht sich darüber im letzten Abschnitt VI S. 266 folg. in wesentlicher Uebereinstimmung mit dem oben unter III Ausgeführten dahin aus, daß der Richter zwar zunächst nach der Analogie ähnlicher, in dem Gesetz entschiedener Fälle, der Gesetzesanalogie, entscheiden müsse; „wenn aber ein ähnlicher Fall in dem Gesetz nicht entschieden ist, oder die analoge Anwendung des Gesetzes auf den ähnlichen Fall deßhalb unzulässig ist, weil die Gründe der gesetzlichen Entscheidung nicht vollkommen auf ihn passen oder seiner analogen Anwendung andere Momente entgegenstehen (z. B. die anormale Natur der gesetzlichen Entscheidung): so hat der Richter die Entscheidungsnorm so zu sagen in der Analogie des gesammten positiven Rechts zu suchen, d. h. aus der positiv rechtlich gebildeten Natur der Sache und dem Geiste des positiven Rechts überhaupt und den ihm zum Grunde liegenden Principien sich die Entscheidungsnorm zu bilden." Woraus aber, frage ich, könnte er zur Ergänzung des Gesetzbuchs diese Analogie des Rechts finden, wenn nicht aus der Genesis des Gesetzbuchs, also durch den Rückgang auf das ihm zum Grunde liegende Rechtssystem oder seine historischen, systematischen und politischen Gründe. Auch dieser Gebrauch des früheren Rechts ist von der subsidiären Geltung desselben durchaus verschieden; denn keine singuläre oder anormale Vorschrift desselben kann nach diesem Grundsatz auf einen in dem Gesetzbuch nicht entschiedenen Fall zur Anwendung gebracht werden. Dagegen ist der Richter befugt und verpflichtet, aus den Begriffen und Principien der in dem Gesetzbuch anerkannten Institute des Römischen und Deutschen Rechts oder aus den abweichenden Principien, die das Gesetzbuch angenommen hat, Folgerungen für die Entscheidung der nicht darin entschiedenen Fälle zu suchen und also das Urtheil zu finden. Vielleicht hat das Sächsische Gesetzbuch §. 25 dieß gemeint. Ich hoffe aber, daß die Commission, wenn sie sich diese Ansicht aneignet, einen tieferen und umfassenderen Ausdruck dafür finden wird.

Jedes Falls ist, wenn die Auslegung und Ergänzung des Gesetzbuchs in diesem Sinne ausdrücklich anerkannt wird, für die Jurisprudenz der Gerichtshöfe des Deutschen Reichs eine reiche Quelle eröffnet und ihr lebendiger Zusammenhang mit Theorie und Schule gesichert.

Der zweite Gegenstand, mit dem das Gesetzbuch sich zu beschäftigen hat, ist die Person, in deren Rechts- und Handlungsfähigkeit das allgemeine objektive Recht sich darstellt. Die natürlichen und rechtlichen Bedingungen derselben, der s. g. Status naturalis und civilis, Geburt und Tod, Jugend und

Geisteskrankheit als Hindernisse der Handlungsfähigkeit, die gleiche Rechtsfähigkeit der Einheimischen und Fremden, welche indeß von der Reciprocität ihres Heimathlandes abhängig zu machen sein dürfte, die Rechte der juristischen Personen u. s. w. geben zu so bedeutenden Rechtsvorschriften Anlaß, daß es nicht noch der Gemeinplätze von Gleichstellung des Geschlechts, Abschaffung der Sklaverei und Leibeigenschaft u. A., die das Sächsische Gesetzbuch enthält, bedarf, um diesen Abschnitt zu vervollständigen. Die Verwandtschaft, welche dasselbe Gesetzbuch in Nachahmung des Römischen Status Familiae hierherzieht, gehört in das Familien- und Erbrecht.

Die beiden betrachteten Abschnitte bilden gewissermaßen den allgemeinen Theil des Gesetzbuchs. Es ist aber herkömmlich, als Gegenstände desselben den Personen auch noch die Sachen und Handlungen folgen zu lassen. Die Behauptung, daß diese lediglich durch Abstraction gewonnenen Kategorien zur Grundlage fruchtbarer legislativer Bestimmungen nicht geeignet sind, vielmehr theils überflüssige, theils verwirrende Allgemeinheiten zum Gesetz erheben, wird deßhalb auf entschiedenen Widerspruch stoßen. Dennoch versuche ich diese Behauptung zu rechtfertigen.

In dem Abschnitt von den Sachen des Sächsischen Gesetzbuches und der Bairischen Entwürfe wird der Unterschied der Liegenschaften und der fahrenden Habe, auch in Bezug auf Rechte, positiv bestimmt. Im ältern Deutschen Recht war, und im Englischen ist er noch von rechtlicher Bedeutung; ich wüßte aber nicht, in welcher Beziehung er es noch jetzt für unser gemeines Deutsches Recht wäre, also in dem bürgerlichen Gesetzbuch für das Deutsche Reich bestimmt zu werden verdiente. Auch zum Behuf der Willensinterpretation, namentlich letztwilliger Dispositionen, scheint er mir überflüssig; denn im Gegensatz der Grundstücke begreift die fahrende Habe natürlich alles Uebrige.

Für die körperlichen Sachen ist der Unterschied der beweglichen und unbeweglichen ein rechtlich höchst bedeutender; aber zunächst für den Grundbegriff des Sachenrechts, das Eigenthum, daher er in Bezug auf dieses, seinen Gegenstand und Umfang, die Möglichkeit und Wirklichkeit seines Erwerbs u. s. w.

bei dem davon handelnden Abschnitt des Gesetzbuchs bestimmt werden muß und damit zugleich für alle vom Eigenthum abgeleiteten dinglichen Rechte seine Bestimmung empfängt. Von dem, was integrirender Theil der Sache ist und an ihrem Recht participirt, ist der Zubehör oder die Pertinenz allerdings verschieden, aber nur für die Willensinterpretation bei Rechtsgeschäften von Bedeutung und so sehr von individuellen faktischen Umständen und Gewohnheiten abhängig, daß eine allgemeine gesetzliche Bestimmung derselben, wie sie auch der Code versucht hat, mir weder Bedürfniß noch räthlich scheint. Auch die Eigenschaft der fungibeln und der verbrauchbaren Sachen ist durchaus faktischer Natur und kann der vernünftigen Beurtheilung des Richters überlassen werden. Hiermit ist aber Alles, was in dem Gesetzbuch über die Sachen gesagt werden kann, erschöpft.

Daß die Handlungen, die in dem Sächsischen Gesetzbuch den dritten Abschnitt des allgemeinen Theils bilden, ein viel zu allgemeiner Begriff sind, um praktische Rechtssätze daran zu knüpfen, beweisen gleich die ersten Paragraphen. Als Gegenstand eines Rechts (§. 79) gehören sie ins Obligationenrecht; daß die Umgehung eines Verbots demselben dennoch unterliegt (§. 80) in den Abschnitt von Auslegung und Anwendung der Gesetze und §. 81 von der Handlungsfähigkeit zum Personenrecht. Die Zeitbestimmungen (§§. 82—87) betreffen die Auslegung sowohl gesetzlicher Vorschriften als Privatdispositionen und müßten, wenn sie überhaupt gesetzlich bestimmt werden sollen, einen Abschnitt für sich bilden.

Als die zwei Arten der Handlungen werden dann Rechtsgeschäfte und unerlaubte Handlungen unterschieden.

Auch die allgemeine Lehre von den Rechtsgeschäften, denen der Bairische Entwurf von 1860 Art. 1—90 und das Sächsische Gesetzbuch §§. 88—115 einen eigenen Abschnitt widmet, scheint mir zweckmäßiger theils dem Specialtheil, theils der Rechtsanalogie und freien Jurisprudenz überwiesen zu werden.

Schon der Begriff des Rechtsgeschäfts (Sächs. Gesetzb. §. 88) umfaßt sowohl die Eheschließung als Verträge des Vermögensrechts und letztwillige Dispositionen, die doch nach wesentlich verschiedenen Principien bestimmt sind. Auch Lang a. a. O.

S. 34 folg. weist zahlreiche Artikel des Bairischen Entwurfs nach, die eigentlich im Specialtheil ihre Stelle finden und rügt insbesondere S. 42, daß der Vertrag von andern Rechtsgeschäften nicht, wie es sich gebührte, unterschieden werde.

Da alle Rechtsgeschäfte auf dem Willen der Partheien beruhen, so ist wegen Ausschließung desselben durch Handlungsunfähigkeit auf das Personenrecht, wegen seiner Beschränkung durch Familiengewalten auf das Familienrecht zu verweisen, und was sonst den Willen seiner Natur nach ausschließt, namentlich Simulation und der s. g. wesentliche Irrthum, der freien Jurisprudenz zu überlassen. Bekanntlich macht das gemeine (Römische) Recht die Gültigkeit des Rechtsgeschäfts nur von dem Dasein des bewußten Willens selbst abhängig und erklärt im Allgemeinen das Motiv, die Willensbestimmung, für rechtlich gleichgültig. Es ist etwas Besonderes, daß Zwang und Betrug als Gründe der Anfechtung des Rechtsgeschäfts durch eigenthümliche Rechtsmittel, die an ihrem Ort zu bestimmen sind, anerkannt werden, während sie im Familienrecht, namentlich bei der Eheschließung, abgesehen von dem durch den Betrug bewirkten wesentlichen Irrthum, außer Betracht bleiben. Die im allgemeinen Theil hierüber aufgestellten Grundsätze sind also theils unrichtig, theils nicht an ihrem rechten Ort.

Daß die Willenserklärung bestimmt und verständlich sein muß und in jeder Weise geschehen kann, wenn nicht eine bestimmte Form vom Gesetz vorgeschrieben oder von den Partheien beliebt worden ist, daß in diesem Fall aber die Perfection und Gültigkeit des Geschäfts von deren Vollziehung abhängt, versteht sich viel zu sehr von selbst, um einer gesetzlichen Vorschrift zu bedürfen.

Die Nebenbestimmungen der Rechtsgeschäfte werden bekanntlich bei Verträgen und bei letzten Willen nach verschiedenen Grundsätzen beurtheilt, daher sie besser diesen speciellen Lehren vorbehalten bleiben. Ferner die Stellvertretung dem Mandate, der Vormundschaft, dem Recht juristischer Personen u. s. w., der Beweis dem Beweis der Rechte selbst.

Ueber die Auslegung der Rechtsgeschäfte endlich läßt sich außer dem selbstverständlichen Grundsatz, daß aus der Willenserklärung der damit übereinstimmende Wille aufzusuchen sei, nichts Fruchtbares, Allgemeines sagen; sie ist eine Kunst, in welcher die Römischen Juristen mehr Vorbilder als Gesetzgeber sind. Positive Rechtsregeln, als z. B. daß bei Verträgen die Erklärung des Antragstellers, im Testament der seiner Aufrechterhaltung günstigere Sinn vorzuziehen sei, finden bei diesen ihre rechte Stelle.

Auch die unerlaubten Handlungen, insofern sie dem bürgerlichen Recht angehören, haben im Vermögensrecht, namentlich als Grund von Schuldverhältnissen, und im Familienrecht, vorzüglich im Eherecht, so verschiedene Bedingungen und Folgen, daß die allgemeinen Aufstellungen im Sächsischen Gesetzbuch (§§. 116—126) theils überflüssig, theils halbwahr (z. B. §. 118) und besser jenen Rechtstheilen zu überweisen sind. Insbesondere die Lehre von Dolus, Culpa und Casus gehört durchaus ins Obligationenrecht.

Den dritten und bei weitem wichtigsten Gegenstand des Gesetzbuchs bilden die subjektiven Rechte, und über diese ist allerdings einiges Allgemeine, wenn auch weniger als häufig geschieht, zu bestimmen. Die §§. 127—135 des Sächsischen Gesetzbuchs sind theils überflüssig (z. B. §§. 127, 132, 133), theils erhalten sie ihre volle Wahrheit und Beschränkung im Specialtheil. So z. B. der tautologische Satz des §. 131: „Man kann nicht mehr Recht auf einen Andern übertragen, als man selbst hat", im Sachenrecht durch den wichtigen Begriff der Singularsuccession, welcher doch nicht ausschließt, daß der Käufer die dem Verkäufer entgegenstehende Exceptio doli nicht zu fürchten hat. Der dafür angeführte §. 963 gehört nicht dahin, da die Cession nicht das Recht, sondern nur die Ausübung der Forderung überträgt.

Die einzige, nähere Bestimmungen fordernde Seite aller Rechte ist ihre Beziehung auf den gerichtlichen Schutz, die den Richter am Meisten interessirt und deßhalb in dem zunächst für ihn bestimmten bürgerlichen Gesetzbuch eine bedeutende Stelle einnehmen muß. Die Aufgabe ist aber auch hier, nicht Definitionen, Eintheilungen und Gemeinplätze, sondern praktische Rechtssätze aufzustellen, die von klar erkannten Begriffen und Principien abgeleitet sind. Sie sind auf das s. g. allgemeine Actionenrecht zu beschränken, dagegen Alles, was die Mittel ihrer Verwirklichung, insbesondere das Verfahren vor Gericht betrifft, dem Prozeßgesetz zu überlassen. Vgl. Sächs. Gesetzb. §§. 136—185.

Wir rechnen dahin die Beschränkung der Selbsthülfe und die allgemeinen Bedingungen der Anrufung richterlicher Hülfe von Seiten des Klägers und der Vertheidigung des Beklagten, insbesondere den dem Einen und Andern obliegenden Beweis, nicht die Reihenfolge, Mittel und Form der Beweisführung, die das Prozeßgesetz bestimmt, sondern insofern das Endurtheil des Richters davon abhängt. Wie sehr die allgemeinen Grundsätze über die Beweislast mit der Natur des Rechts selbst zusammenhängen, insbesondere die Begriffe des Klaggrundes und der Einrede bestimmen, hat die neuere Rechtswissenschaft klar gestellt, und obgleich diese Grundsätze überwiegend auf angewandter Logik beruhen, kann das Gesetzbuch sie nicht übergehen, weil sie den Gegenstand berühmter, praktischer Controversen bilden. Es wird daher nicht genügen zu sagen, daß der Kläger den Klaggrund und der Beklagte seine Einreden beweisen muß, um im Rechtsstreit obzusiegen, sondern es wird zu bestimmen sein, was zu dem Einen und Andern gehört. Zum Klaggrund (fundamentum agendi remotum) gehören hiernach nur die Thatsachen, welche die eigenthümlichen, durch den Begriff des klägerischen Rechts gegebenen, also regelmäßigen Bedingungen seiner Entstehung bilden, denn die Fortdauer wird präsumirt. Die Behauptung seines Untergangs muß der Beklagte beweisen und wird deßhalb Einrede genannt. Desgleichen Umstände, welche außerordentlicher Weise die Entstehung des Rechts gehindert haben (Sächs. Gesetzb. §. 175). Endlich auch Rechte, die zwar vielleicht nicht klagbar, aber das Recht des Klägers seiner Ausübung nach zu beschränken geeignet sind und deren Beweis dem Beklagten obliegt, die Exceptionen des Römischen Rechts, kann das Gesetzbuch nicht ignoriren, da sie ein höchst wichtiges Element des Rechtssystems bilden.

Die einzelnen Klagen und Einreden finden ihre Stelle im Specialtheil. Nur Ein Rechtsmittel, die Wiedereinsetzung in den vorigen Stand, scheint mir wegen ihrer Beziehung auf die verschiedenartigsten Rechte hierher zu gehören. Dagegen ist mir die in dem Sächs. Gesetzb. §. 147 nach Analogie des Römischen Präjudiciums aufgestellte allgemeine Klage wegen Anerkennung eines Rechts, bei welcher der Kläger interessirt ist, bedenklich, weil sie eine willkührliche Vervielfältigung der Prozesse begünstigt.

Der Einfluß des rechtskräftigen Urtheils auf die Rechte selbst ist nach den Grundsätzen des Römischen Rechts vollständiger als in dem Sächsischen Gesetzbuch §. 176 folg., namentlich im Familien- und Erbrecht, zu bestimmen, und der Einfluß der Litiscontestation oder des Anfangs des Prozesses auf dieselben nicht mit Stillschweigen zu übergehen. Denn der Grundsatz, daß dem Kläger durch das Urtheil werden muß, was er haben würde, wenn der Beklagte durch seine Befriedigung gleich Anfangs den Rechtsstreit abgewandt hätte, ist unentbehrlich, um die unvermeidliche Dauer des Prozesses für den Kläger unschädlich zu machen.

Daß die allgemeine Klageverjährung hierher gehört, ist selbstverständlich, während das Erlöschen des Klagerechts durch Zusammenfallen der Partheirollen, und durch den Concurs der Klagen, d. h. die Erreichung des gemeinsamen Zweckes durch die Eine, also Wegfall jedes Interesses, der juristischen Logik, der Uebergang auf den Erben der Vererblichkeit der Rechte selbst überlassen bleiben kann.

In Betreff des Specialtheils, der die gesetzliche Bestimmung der einzelnen Rechte enthält, beschränke ich mich, nach dem Zweck dieser Betrachtungen, auf das Verhältniß des Gesetzbuchs zu dem Rechtssystem, weil davon auch sein Einfluß auf die Jurisprudenz abhängt.

Wird unter dem System die äußere Anordnung des Stoffs verstanden, so wird ohne Zweifel die von der neueren Rechtswissenschaft allgemein angenommene Eintheilung in Sachenrecht, Obligationenrecht, Familienrecht und Erbrecht zum Grund gelegt werden. Noch wichtiger aber ist es, ob und inwieweit der Gegensatz der darin unterschiedenen Gattungen der Rechte festgehalten wird.

Es ist bekannt, mit welcher Schärfe die Römer die beiden ersten Theile, das Sachenrecht und Obligationenrecht, und in dem Ersten Besitz und Eigenthum, die Juris quasi Possessio und das entsprechende Recht, unterschieden, und wie fruchtbar diese

Unterschiede für ihr Rechtssystem wurden. Aber eben so bekannt ist es, daß das Germanische Recht diese Gegensätze nicht festhält, sondern in eigenthümlicher Weise vermittelt. Daß im Allgemeinen das Römische Rechtssystem, um seiner größeren Schärfe und Consequenz willen, auch hier dem Gesetzbuch zur Grundlage dienen wird, zeigt schon jene Eintheilung des Stoffs. Die Frage bleibt also, welche Modificationen im Einzelnen es durch Germanische Principien erfahren soll, und ob die für die Jurisprudenz unentbehrliche Einheit des Systems dadurch nicht aufgehoben wird.

Die römische Lehre vom Besitz als Bedingung von Besitzklagen ist in neuerer Zeit mehr von theoretischen Gesichtspunkten aus Gegenstand lebhaften Streites unter den Rechtslehrern geworden, der indeß eben deßhalb von den Redaktoren des Reichsgesetzbuchs, weil es nur praktische Rechtssätze enthalten soll, ignorirt werden kann. Auch jene, meist schon in der Praxis des gemeinen Rechts angenommenen Modificationen der Römischen Lehre werden ihnen keine großen Schwierigkeiten bieten und die Einheit des Systems nicht stören, da sie nur Erweiterungen ihrer Grundsätze sind. Schon die Römischen Juristen sprachen von einem Jus Possessionis, ohne den Besitz damit für ein Recht an der Sache zu erklären, weil er juristische Bedingungen und Wirkungen hat. Es ist also nur ein Schritt weiter in dieser Richtung, wenn neuere Gesetzgebungen den Besitz als ein Recht ohne neue Apprehension auf den Erben übergehen lassen (Sächs. Gesetzb. §. 2288, Bair. Entwurf von 1861 Art. 13, Mommsen §. 249). Ebenso kann der s. g. abgeleitete Besitz mit der Besitzklage nicht nur wie nach Römischem Recht dem Pfandgläubiger und Sequester, sondern auch Andern, die in fremdem Namen besitzen, gegeben werden (Sächs. Gesetzb. §. 208 folg., Bair. Entwurf Art. 40). Endlich ist die Ausdehnung der Juris Quasipossessio auf Servitut-ähnliche Rechte, Reallasten u. A. unbeschadet des Rechtssystems möglich (Bair. Entwurf Art. 42 folg.).

Dagegen ist der Römischen Eigenthumslehre gegenüber das Recht der Gewere, dieses Mittelding zwischen Besitz und Eigenthum, zu einem so eigenthümlichen System entwickelt, daß eine vollständige Vereinigung mit Jener unmöglich ist, die von ihr herrührenden Modificationen derselben also nur als Anomalien betrachtet und aus ihren besonderen Motiven gerechtfertigt werden können.

An beweglichen Sachen führt das Römische Recht seinen Eigenthumsbegriff streng durch, macht denselben bei jedem derivativen Erwerb von dem Recht des Auctors abhängig und giebt dem wahren Eigenthümer die Vindication gegen jeden Dritten, auch den Besitzer in gutem Glauben ohne alle Einschränkung. Das Germanische Recht gewährt diese Klage jedem Besitzer, aber nur, wenn er den Besitz ohne seinen Willen verloren hat, gegen jeden Dritten, bei dem er die Sache findet, als den muthmaßlichen Dieb, also eigentlich ex maleficio, so jedoch, daß dieser durch den Beweis rechtmäßigen Erwerbs sich im Besitz behaupten kann. Wenn er dagegen den Besitz freiwillig einem Andern anvertraut hat, so kann er nur gegen diesen klagen („Hand muß Hand wahren"), also eigentlich ex contractu. In beiden Fällen werden offenbar obligatorische Principien eingemischt. Man sieht, eine wahre Vereinigung beider Systeme ist unmöglich. Das Germanische System hat den Vorzug den Verkehr mit beweglichen Sachen mehr zu sichern, indem der Käufer in gutem Glauben, auch wenn er das Recht seines Auctors nicht beweisen kann, gegen jeden Anspruch gesichert ist. Das ältere Römische Recht sicherte ihn durch die Ersitzung schon nach Ablauf Eines Jahres, das Justinianische freilich erst nach drei Jahren. Aus diesem Grunde, zur Sicherung des Eigenthumsverkehrs, hat der Code und das Deutsche Handelsgesetzbuch das Germanische System zwar keineswegs vollständig, aber theilweise aufgenommen und das Preußische Landrecht nach dem Vorgang älterer Stadtrechte die Vindication beweglicher Sachen gegen den redlichen Käufer nur gegen Erstattung des Kaufpreises zugelassen (Förster a. a. O. III, S. 140). Für denselben Grundsatz hat sich auch bei vorläufiger Berathung die Majorität der Redactions-Commission des Reichsgesetzbuchs entschieden (v. Kübel a. a. O. S. 379 folg.). Mir scheint derselbe nicht nur principlos, sondern auch durch die Billigkeit nicht gerechtfertigt. Denn mit besserem Grunde kann von dem Käufer verlangt werden, daß er seinen Auctor sich merke und ihn zur Evictionsleistung anhalte, als daß der wahre Eigenthümer seine Sache so zu sagen von ihm kaufen müsse, also um den Kaufpreis ärmer werde. Abgesehen von dem eigentlichen Handelsverkehr, scheint mir daher die Beibehaltung des Römischen Princips empfehlenswerth; sie wird auch durch den Vorgang des Sächsischen Gesetzbuchs §. 295 und des Bairischen Entwurfs Art. 153 (nur mit zwei mir bedenklichen Ausnahmen Art. 171) unterstützt.

An Grundstücken kannte auch das Germanische Recht vollkommenes, gegen jeden Dritten wirksames Eigenthum, machte aber dessen mittelbaren Erwerb von der „Auflassung“ im Volksgericht (echte Ding), also von der Oeffentlichkeit des Erwerbs im vollsten Sinn des Wortes, und vom fortgesetzten Besitz während Jahr und Tag abhängig, wodurch einerseits das Recht des Anerben und des wahren Eigenthümers, andrerseits der Erwerber gegen ihre Ansprüche hinreichend gesichert schien. Wenn das ältere Römische Recht den mittelbaren Erwerb des quiritarischen Eigenthums an Grundstücken als Res mancipi nur durch Mancipation, also vor fünf Zeugen als Vertretern des Volks, oder durch in Jure Cessio vor dem Prätor zuließ und auch im Fall bloßer Tradition die Vindication jedes Dritten schon nach zwei Jahren ausschloß, so beruhte dieß offenbar auf demselben Princip. Im Justinianischen, in Deutschland recipirten Recht freilich ist es anders; die rein private Uebergabe genügt zum mittelbaren Erwerb und die Vindication Dritter gegen den Erwerber in gutem Glauben erlischt erst in zehn oder zwanzig Jahren, so daß dieser also während dieser längeren Frist sich nicht im gesicherten Besitz der Sache befindet, nicht definitiv darüber verfügen kann, sondern nur auf die eventuelle Evictionsleistung seines Auctors angewiesen ist. Diesem Uebelstande begegneten schon früher die besonders in den Städten eingeführten gerichtlichen Grundbücher, in welche die Auflassung und andere Dispositionen, um dinglich wirksam zu sein, eingeschrieben werden mußten, und in neuester Zeit hat dieses s. g. Grundbuchsystem sehr allgemein Anerkennung gefunden. So in dem Sächsischen Gesetzbuch §. 276 folg. und §. 302, dem Bairischen Entwurf von 1861 Art. 149 folg. und in dem Preußischen Gesetz vom 5. Mai 1872 (Förster, I, S. 127 folg., III, S. 224 folg.). Ebenso hat die Redactions-Commission des bürgerlichen Reichsgesetzbuchs sich dafür entschieden (v. Kübel a. a. O. X S. 375). Und mit Recht, weil nur dadurch der Unsicherheit des Grundeigenthums und der davon abgeleiteten Rechte, wie sie das Justinianische Recht zur Folge hatte, abgeholfen werden kann. — Indeß ist nicht zu übersehen, daß, wenn der Käufer in gutem Glauben durch die Auflassung und deren Eintragung in das Grundbuch sofort gegen jeden Eigenthumsanspruch Dritter unbedingt gesichert sein soll, dieß weit über das altdeutsche Recht hinausgeht. Denn dieses verlangte eine offenkundige gerichtliche Verhandlung und überdieß den Besitz von Jahr und Tag. Die Eintragung in das Grundbuch ist zwar insofern öffentlich, als jedem Interessirten die Einsicht in dasselbe gestattet ist, aber keineswegs in jenem Sinne offenkundig. Und der Grundbuchrichter soll sich zwar zuvor von der Rechtmäßigkeit der Eintragung überzeugen; aber verdient diese einseitige Cognition und Verfügung höheren Glauben als ein auf contradictorisches Verfahren gegründetes Urtheil, welches bekanntlich nicht gegen Dritte gilt? Wird die Eintragung in das Grundbuch zu einem ursprünglichen Eigenthumserwerb, gleich der Ersitzung, erhoben, so ist damit dem Grundbuchrichter eine Machtvollkommenheit ertheilt, wie sie nur dem Staat selbst, dem Ursprung alles Rechts, und seiner höchsten Vertretung zukommt. Und da die Eintragung eines Nichtberechtigten aus schuldlosem Irrthum des Richters gedenkbar, ja nicht jeder Eigenthumserwerb, z. B. durch Erbrecht, eintragspflichtig ist: mit welchem Recht kann der wahre Eigenthümer, der von jenem Vorgang keine Kunde hatte, ohne alle Aussicht auf Ersatz seines Eigenthums beraubt werden? während dem Erwerber, der durch das Grundbuch getäuscht wurde, der Regreß gegen seinen Auctor verbleibt. Diese Bedenken erlaube ich mir wenigstens zur Erwägung zu geben und die Frage aufzuwerfen, ob nicht auch ohne diese exorbitante Wirkung der Eintragung durch das Grundbuch eine verhältnißmäßige und hinreichende Sicherheit für das Grundeigenthum und die darauf gegründeten Rechte gewonnen werde? Das Interesse des Verkehrs und die dadurch zu gewinnende Bereicherung über die Gerechtigkeit zu stellen, entspricht zwar einer materialistischen Weltanschauung, ist aber schwerlich vor einem höheren ethischen Standpunkt gerechtfertigt.

Das Obligationenrecht oder der Abschnitt des Gesetzbuchs von den Schuldverhältnissen, wie der Bairische Entwurf von 1860 den lateinischen Ausdruck glücklich wiedergiebt, hat einen das System störenden Einfluß von dem Sachenrecht nicht zu fürchten, wie dieses von Jenem. Denn z. B. die Bestimmung des Preußischen Landrechts, daß der Pächter und Miether mit dem Besitz der Sache ein dingliches Recht überkomme, hat schon in dem Sächsischen Gesetzbuch und dem Bairischen Entwurf keine Aufnahme gefunden. Gegen das Familienrecht aber zieht der Begriff des Schuldverhältnisses, wonach nicht die gesammte Person, sondern nur eine einzelne Leistung derselben Gegenstand meines Rechts ist, eine scharfe Grenze. Empfehlenswerth ist auch die nähere Bezeichnung dieses Gegenstandes in dem Sächsischen Gesetzbuch §. 662 als „einen Vermögenswerth in sich schließende Leistung" (wofür auch mit Puchta „Geldeswerth" gesagt werden kann); denn nur dadurch werden die Schuldverhältnisse als Theil des Vermögensrechts charakterisirt und von den höchstpersönlichen Verpflichtungen des Familien- und des öffentlichen Rechts unterschieden. Eben deßhalb scheint mir auch die technische Bezeichnung der beiden Seiten des Verhältnisses durch „Forderung und Schuld", nicht „Verbindlichkeit", die empfehlenswerthere, wie wir ja auch die Personen schlechthin „Gläubiger und Schuldner" nennen, von den auf dem Vermögen lastenden Schulden, und nicht mehr von einer „natürlichen Verbindlichkeit", sondern von einer nicht klagbaren Schuld sprechen u. s. w.

Die Schuldverhältnisse gestalten sich in dem nicht abgeschlossenen Verkehr so mannichfaltig und haben so bedeutende gemeinsame Eigenthümlichkeiten, daß hier ein allgemeiner Theil nothwendig ist, in welchem die Personenfrage, Correalobligation, Cession u. s. w., ihre verschiedenen Entstehungsgründe, ihr Inhalt, der ursprüngliche und die Surrogate und Erweiterungen und die Gründe ihres Untergangs zu bestimmen sind. Zu dem Inhalt gehört auch die Frage, in wie weit der Wille des Schuldners in Anspruch genommen werde, also Dolus, Culpa, Casus. Hier werden auch die wenigen Germanischen, das Römische Recht modificirenden Grundsätze ihre Stelle finden, z. B. daß es bei betagten Schulden der Interpellation nicht bedarf (Sächs. Gesetzb. §. 736, Bair. Entwurf Art. 124) und daß den Verkäufer vor

Uebergabe der Sache, abgesehen von Verzug, der Zufall trifft (Sächs. Gesetzb. §. 1013, Bair. Entwurf Art. 119).

Der Specialtheil des Schuldrechts kann wohl nicht anders als nach dem Vorgang des Römischen Rechts, das hier fast ausschließlich zur Anwendung kommt, die einzelnen Schuldverhältnisse ihren Entstehungsgründen gemäß ordnen, also Verträge, Verbrechen oder Vergehen (unerlaubte Handlungen ist zu schwach) und ihnen ähnliche Gründe unterscheiden.

Was endlich das Familienrecht betrifft, so möchte ich Jedem, der an die Gesetzgebung für dasselbe Hand anlegt, zurufen: „Ziehe deine Schuhe aus, denn der Boden, den du betrittst, ist heiliges Land". Hier handelt es sich nicht bloß, wie bei dem Mein und Dein, um äußerliche Gerechtigkeit und deren Verwirklichung durch juristische Technik, sondern um die Erkenntniß und Wahrung höherer ethischer Güter, um die Erhaltung eines Kleinodes unseres Volks, des Heiligthums der Familie, das bisher, wenn auch nicht ganz unversehrt, sondern von dem bösen Zeitgeist stark angefressen, doch unserer Nation noch in größerer Kraft, Tiefe und Reinheit als manchen andern Völkern erhalten ist. Auch die Vermögensverhältnisse, die unter dem Einfluß der Familie stehen, werden nach der uns Deutschen eigenthümlichen tieferen Auffassung derselben weniger nach dem Römischen, als nach Deutschem Gewohnheits- und Partikularrechte zu bestimmen sein. Aber den Kern bilden doch die persönlichen Verhältnisse selbst, die in ihrer überwiegend ethischen Natur von der Gesinnung getragen sein wollen, deßhalb durch das Gesetz nicht vollkommen beschrieben und noch weniger verwirklicht werden können, die also durch das Gesetz nur gegen Ausartung und Willkühr zu schützen sind. Möchte es in diesem Sinne gelingen, gleich der väterlichen Gewalt, auch der Vormundschaft Recht und Pflicht der Zucht zu erhalten, durch welche allein der hereinbrechenden Verwilderung der Jugend gesteuert werden kann.

Das Grundverhältniß der Familie, die Ehe, als eine vernünftige, des Menschen würdige Gemeinschaft geschlechtlicher Liebe, entzieht sich in ihrer Bethätigung so sehr allem gesetzlichen Zwang, daß das Gesetz fast nur ihre unheilbare Verletzung und die dadurch nothwendige Auflösung, das Recht der

Scheidung zum Gegenstande hat. Die Römer machten bekanntlich, nicht aus Geringschätzung der Ehe, sondern in Anerkennung ihres von freier Gesinnung abhängigen Werthes, nicht nur ihre Begründung, sondern auch ihre Fortdauer von der Willkühr des Ehegatten abhängig. Erst das Christenthum brachte die vollkommene Würde der Frauen und das objektive Recht der Ehe zur Geltung. Aber die hiermit der christlichen Welt gestellte Aufgabe hat bisher weder der Staat, noch die Kirche in vollkommen befriedigender Weise gelöst. Die Gesetzgebung der Römischen Kaiser seit Constantin gestattet die Scheidung nur aus bestimmten Gründen, über welche der Richter entscheidet, und stellt einen Katalog von Verletzungen des ehelichen Verhältnisses, die dazu berechtigen, auf, der nur das sittliche Verderben der Zeit offenbart, ihm nicht zu steuern vermocht hat. Die Kirche des Mittelalters hat die Ehe zu einem unauflöslichen Sacrament hypostasirt, aber damit, wenigstens in den romanischen Ländern, einen Zustand herbeigeführt, den eine geistreiche Schriftstellerin durch den Ausspruch charakterisirt: En Italie le mariage est le divorce. Die Reformation ging auch hier auf die ethischen Grundsätze des Stifters der christlichen Religion und seiner ersten Schüler zurück, hat aber hierin so wenig als auf andern Lebensgebieten das von ihr aufgestellte Ideal zu verwirklichen vermocht. Die Consistorialpraxis in Ehesachen in der Verflachung des vorigen Jahrhunderts ist bekanntlich die Quelle des äußerst laxen Preußischen Scheidungsrechts, und in dem Sächsischen Gesetzbuch (§§. 1711—1770) erscheint sie jetzt zwar in einer strengern Gestalt, aber in einer Casuistik, die auch das sittliche Gefühl mehr verletzt als befriedigt. Was also kann, was soll die bürgerliche Gesetzgebung in dieser Hinsicht thun? Denn die Aufgabe der Kirche ist nicht dieses Orts.

Es sei mir gestattet einen Gedanken auszusprechen, der ohne Zweifel auf Widerspruch stoßen wird und keines Falls durch das bürgerliche Gesetzbuch allein zu verwirklichen ist. Wenn die Beurtheilung eines Gegenstandes erschöpfend durch die Gesetzgebung nicht geregelt werden kann, so beruft man sich wohl auf das, was die Engländer common sense nennen, den gesunden Verstand und das unverdorbene Gefühl tüchtiger

Männer aus dem Volke. So bei Verbrechen, insofern von Schuld oder Unschuld die Rede ist, auf das Verdict der Geschwornen, eine Institution, die zwar in ihrer Verpflanzung von England auf den Continent eine wesentliche Verschlechterung erlitten hat und deren Schwächen Jedem, der einmal Geschworner war, bekannt sind, die aber gewiß auf einer durchaus richtigen Idee beruht. Das so gestaltete Geschwornengericht für Ehesachen zu empfehlen, bin ich auch weit entfernt. Wie aber wenn für diese unter dem Vorsitz eines höheren Richters eine Anzahl, etwa sechs, durchaus ehrenhafter, verheiratheter und gebildeter Männer regelmäßig zu Assisen zusammenträten, welche nach Anhörung der Partheien und der nothwendigen Zeugen einstimmig das Urtheil sprächen? Das Gesetz könnte sich dann, wie es im Jahre 1859 von einem einflußreichen liberalen Mitgliede der Ehegesetzgebungs-Commission des Abgeordnetenhauses (dem Appellationsgerichts-Präsidenten Wentzel aus Ratibor) vorgeschlagen wurde, auf den Ausspruch beschränken: die Ehe sei durch Urtheil aufzulösen, wenn sie in ähnlichem Grade wie durch thatsächlichen Ehebruch unheilbar zerrüttet sei. Die Urtheile würden ohne Zweifel noch sehr verschieden ausfallen; aber ich vertraue, daß die evangelische Kirche alsdann nur selten, oder doch nur gegen den schuldigen Theil, Anlaß zu disciplinarischen Maaßregeln finden würde. Die Römische Kirche könnte natürlich die Scheidung nur als von Tisch und Bett anerkennen. — Wird dieser Gedanke unausführbar befunden, so bleibt mir nur der Wunsch, daß das Gesetzbuch nur wenige Scheidungsgründe aufführen und das Erkenntniß darüber mit Einschluß der Analogie nach freiem Ermessen höheren Gerichten vorbehalten möchte.

Für das Erbrecht darf ich wiederholt den Mommsen'schen Entwurf zur Berücksichtigung empfehlen und gestatte mir nur über diesen noch die Bemerkung, daß selbst hier vielleicht noch mehr Kürze möglich ist. Noch weit mehr aber als in dem Specialtheil des Sächsischen Gesetzbuchs und in den Bairischen Entwürfen geschehen, wünsche ich, daß in dem Reichsgesetzbuch der juristischen Logik des Richters in Bezug auf die Consequenzen der aufgestellten Rechtssätze vertraut werden möge.

V.

Die Aufgabe der Deutschen Rechtswissenschaft.

Die Rechtswissenschaft ist auch darin allen anderen Wissenschaften ebenbürtig, daß sie um ihrer selbst willen, in reiner Liebe zur Wahrheit, in Begeisterung für ihre hohen ethischen Ideen und in treuer Erforschung der sie verwirklichenden Thatsachen der Geschichte, getrieben sein will, wenn sie ihre Bestimmung erfüllen soll. Aber wie die Theologie der Kirche, die Medizin der leidenden Menschheit, die Historie der praktischen Politik, Philologie und Alterthumskunde allen Zweigen der Kunst und die mathematisch-physikalischen Wissenschaften den die Naturkräfte beherrschenden Gewerben dienen und dadurch nicht erniedrigt, sondern nur bereichert werden, so auch die Jurisprudenz durch ihre praktische Beziehung auf das Leben. Unsere Universitäten, diese Centralpunkte Deutscher Wissenschaft, auf die wir mit Recht stolz sind, haben deßhalb eine zwiefache, durchaus nicht widerspruchsvolle Bestimmung, einerseits die Wissenschaft akademisch zu fördern und mitzutheilen, auch dem Lehrer Anregung und Muße zu literarischer Thätigkeit zu gewähren, und andrerseits, wie die von Wilhelm von Humboldt entworfenen Statuten der Berliner Universität besagen, die Diener für Staat und Kirche zu bilden.

Welche große Aufgaben der Rechtswissenschaft durch die neue, glückliche Gestaltung des Vaterlandes gestellt werden, und wie ihr, namentlich durch die bürgerliche Gesetzgebung des Deutschen Reichs, Raum und Anerkennung gewährt werden müsse, damit sie ihm ihren Dienst leisten könne, davon war in dem Vorstehenden die Rede. Was aber hat sie selbst und die Schule, die sie vertritt, zu thun, um von dem Einfluß, der ihr eingeräumt wird, den richtigen Gebrauch zu machen und ihre Verpflichtung gegen das Vaterland zu erfüllen?

Wenn die Rechtswissenschaft durch Rede und Schrift die richtige Erkenntniß des im Deutschen Reiche geltenden Rechts und die Liebe dafür zunächst unter den Gebildeten und durch sie im ganzen Volke verbreitet, so leistet sie diesem damit einen großen Dienst. Wohl möchte es jetzt, da unsere öffentlichen Verhältnisse eine glücklichere Gestalt gewonnen haben, möglich sein, daß ein Deutscher Blackstone unser gesammtes Recht in edler Popularität darstellte, damit, nach dem von Cicero entlehnten Wahlspruch jenes Engländers, kein gebildeter Deutscher sich der Unkenntniß des vaterländischen Rechts zu schämen brauche.

Vorzüglich aber soll die Schule, wie jenes Statut besagt, den künftigen Staatsdienern, in deren Händen nicht bloß die Justiz, sondern auch die innere Verwaltung und die Vertretung des Reichs nach Außen liegt, die unentbehrliche juristische Bildung mittheilen. Die hierdurch geforderten Unterrichtszweige sind so mannichfaltig, ihre Gesammtheit ist so umfassend, daß, wenn die Genannten eine gründliche Vorbildung erhalten sollen, die Ordnung und Methode des Studiums und die dasselbe regelnden äußeren Einrichtungen, unbeschadet der akademischen Freiheit, die höchste Beachtung seitens der Staatsgewalt verdienen.

Die neueste Gestaltung der öffentlichen Verhältnisse Deutschlands hat ein lebhaftes Interesse für das darauf bezügliche, noch im Fluß begriffene öffentliche Recht erzeugt, und es sind Stimmen laut geworden, daß darauf vorzugsweise die akademische Bildung der künftigen Staatsbeamten gerichtet werden müsse. Indessen bemerkt ein als Germanist bewährter Rechtslehrer, Professor Laband in Straßburg, der soeben mit dem ersten kühnen, anscheinend glücklichen Versuch eines „Staatsrechts des Deutschen Reichs" (Tübingen 1876. 8.) hervorgetreten ist, mit Recht, daß zwar „die einfache Uebertragung civilrechtlicher Begriffe und Regeln auf die staatsrechtlichen Verhältnisse dem richtigen Verständniß der Letzteren nicht förderlich, die „civilistische" Behandlung des Staatsrechts eine verkehrte sei."

„Aber", fährt er fort, „unter der Verurtheilung der civilistischen Methode versteckt sich oft die Abneigung gegen die juristische Behandlung des Staatsrechts, und, indem man die Privatrechtsbegriffe vermeiden will, verstößt man die Rechtsbegriffe überhaupt, um sie durch philosophische und politische Betrachtungen zu ersetzen. Im Allgemeinen hat die Wissenschaft des Privatrechts vor allen andern Rechtsdisciplinen einen so großen Vorsprung gewonnen, daß die letzteren sich nicht zu schämen brauchen, bei ihrer reiferen Schwester zu lernen". Dieß Verhältniß der andern juristischen Disciplinen zum Privatrecht ist auch nicht zufällig, sondern in der Natur des Rechts selbst begründet, welches zwar in der Gemeinschaft des Staats seine vollkommene Ausgestaltung gewinnt, aber seinen Ursprung und Ausgangspunkt in dem Rechte der Person hat. Mit Recht hat daher von jeher auf Deutschen Universitäten der juristische Cursus mit dem Privatrecht begonnen und diesem erst die verschiedenen Zweige des öffentlichen Rechts und insbesondere das Staatsrecht darauf folgen lassen. Und da diese Blätter sich mit dem Verhältniß des zu erwartenden bürgerlichen Reichsgesetzbuchs zu der Rechtswissenschaft beschäftigen, so werden wir hauptsächlich die Frage zu beantworten suchen, wie nach dessen Erscheinen der grundlegende Unterricht im Privatrecht einzurichten sei.

Als das Unglücklichste würden wir es betrachten, wenn derselbe auf jenes Gesetzbuch, als die erfreuliche Schöpfung der glücklich gewonnenen Deutschen Einheit und als die allein praktische Rechtsnorm gegründet würde. Die Erfahrung, die mit dem Österreichischen Gesetzbuch gemacht worden, würde sich hier wiederholen, wie hoch auch das neue Werk über jenem stehen möge; denn, wie oben ausgeführt worden: die wissenschaftliche Behandlung eines Geisteserzeugnisses, als eines schlechthin Gegebenen, steht immer unter demselben, erzeugt einen Rückgang, nicht einen Fortschritt der Wissenschaft. Wollte man aber bei dem Unterricht über das Gesetzbuch auf dessen Quellen zurückgehen und es daraus erläutern, so wäre dieß zwar die einzig richtige wissenschaftliche Behandlung desselben, würde aber dem Anfänger eine zu schwierige Aufgabe stellen, ihn nur verwirren und nicht bilden. Wir fordern daher als

Grund legend einen rein wissenschaftlichen, auf die Rechte, aus welchen das Gesetzbuch hervorgegangen, gegründeten Unterricht.

Hier stoßen wir abermals auf den in Deutschland bestehenden Dualismus des Rechts, der die didaktische wie die praktische Aufgabe erschwert, richtig aufgefaßt aber zu einer vollkommnern Lösung derselben führt. Die Wahl ist auch hier längst getroffen und keinem Zweifel unterworfen. Daß das Rechtsstudium mit den s. g. Institutionen- und Pandektenvorlesungen begonnen werde und das Deutsche Privatrecht erst darauf folgen muß, nur etwa die Deutsche Rechtsgeschichte, um das vaterländische Interesse des Studirenden zu befriedigen und ihm den Blick für diese Ideenwelt zu öffnen, zweckmäßig neben den Pandekten gehört werden kann, ist so sehr in der akademischen Sitte gewurzelt, daß es deßhalb keines vorgeschriebenen Studienplanes bedarf, den wir freilich als obligatorischen überhaupt perhorresciren. Wir treten aber auch der Frage näher, wie das eine und andere Recht, nicht für künftige Professoren, sondern als Bildungsmittel für praktische Juristen und Staatsmänner zu behandeln sei.

Die romanistische Jurisprudenz ist, nachdem seit der Erneuerung der historischen Schule durch Hugo sich die tüchtigsten Kräfte ihr zugewandt, bei dem kritischen Punkt angelangt, da Viele zu glauben geneigt sind, man könne sich mit dem Geleisteten begnügen und es komme nur noch darauf an, den aus den vollkommen erschöpften Quellen gewonnenen Rechtsstoff systematisirt zu überliefern und im Leben zur Anwendung zu bringen. Es ist dieß der große Irrthum, welcher die Glossatorenschule, die im zwölften Jahrhundert so lebendig war, im dreizehnten so rasch in todten Formalismus versinken ließ. Es ist ein großer Irrthum. Denn einmal wird ein geistiger Organismus, das Erzeugniß einer großen Zeit, in diesem Fall die klassische Jurisprudenz der Römer, niemals völlig erschöpft, sondern bietet dem, der sich denkend in ihn vertieft, stets neue Seiten dar. Und sodann handelt es sich, wenn von Bildung die Rede ist, ja nicht um den Stoff, an dem der Deutsche freilich, wie Goethe sagt, so gern hängen bleibt, sondern um die Form als Ausdruck des Geistes. Und dieser, der Geist, wirkt belebend, befruchtend, bildend nur in der unmittelbaren Berührung mit seinen Trägern. Welcher Historiker, Philologe, Philosoph oder Künstler und Poet meint mit dem Alterthum abgeschlossen zu haben, wenn er die Thatsachen der alten Geschichte in neueren Darstellungen, die großen Schriftsteller und Dichter in Uebersetzungen, die Werke der bildenden Kunst in Beschreibungen und Nachbildungen kennen gelernt hat? Er will mit den Alten selbst verkehren, nicht bloß um der thatsächlichen Berichtigung willen, sondern um von ihrem Geiste ergriffen zu werden und sich in ihn hineinzuleben. Sollte es nun mit dem aus dem klassischen Alterthum uns Ueberlieferten, wovon hier die Rede ist, dem Römischen Recht, anders und die Aufgabe des Lehrers nicht sein, den Schüler in den Geist des Römischen Rechts einzuführen?

Wir denken hierbei nicht zunächst an die höhere Aufgabe, die den historischen Entwicklungsgang des Römischen Rechts bestimmenden Ideen aufzusuchen, welche Jhering in seinem „Geist des Römischen Rechts", wenn auch nicht überall zutreffend, doch immer geistvoll zu lösen versucht hat, obgleich seine hierauf gebauten Vorträge mit Recht die Jugend anziehen und befriedigen. Sondern an die bescheidnere, ihrem künftigen Beruf näher liegende und insofern wichtigere Aufgabe des Lehrers, die Studirenden in die Kunst und Methode der klassischen Juristen einzuführen, mit welcher sie die in klarster Intuition gewonnenen Rechtsbegriffe durch folgerichtiges Denken zu praktischen Rechtssätzen, ja bis zur Entscheidung der einzelnen Fälle hinab zu entwickeln und ebenso von den in der Thatsache gegebenen rechtlichen Elementen zu den höchsten Principien aufzusteigen wissen. Der systematische Vortrag, wenn er anders aus der Beschäftigung mit den Quellen diese Methode sich angeeignet hat, wird dieß schon bis auf einen gewissen Punkt leisten und also für den Studirenden eine Anleitung zum Verständniß der Quellen sein. Aber soll der Schüler aus diesen jenen Gewinn vollständig ziehen, so muß der Lehrer durch Verbindung der Exegese mit dem dogmatischen Vortrag ihn an die Quelle selbst heran- und hineinführen. Savigny's Pandektenvorlesungen, die später durch die Eleganz des Vortrags vielleicht an manchem Zuhörer oberflächlich abglitten, griffen früher, als ich sie hörte, eben dadurch so tief ein, daß sie mit der Anleitung des Systems die Auslegung zahlreicher, für dasselbe lehrreicher Stellen verbanden, ja daß er über schwierigere Texte den Zuhörern, die da wollten, exegetische Aufgaben stellte, deren meisterhafte Lösung und Beurtheilung der Arbeiten durch ihn selbst für die ganze Zuhörerschaft jedesmal ein Fest war. Aber auch selbständige exegetische Vorträge und Uebung der Exegese in juristischen Privatissimis oder Seminarien sind von größtem Nutzen und dringend zu empfehlen. Noch jüngst sagte mir ein ausgezeichneter Preußischer Verwaltungsbeamter, ein exegetisches Privatissimum von Keller sei ihm nützlicher gewesen als alle andern Vorlesungen, denn er habe darin „juristisch denken" gelernt.

Für diesen Zweck sind nicht die Lehren des ältern Römischen Civilrechts, welche in der Rechtsgeschichte ihre Stelle finden, sondern die des Jus gentium oder Jus naturale vorzugsweise geeignet, weil in ihnen die elementaren Rechtsbegriffe und ihre folgerichtige Entwicklung am reinsten zur Anschauung kommen, überdieß fast ausschließend das heutige Römische Recht, welches in den Pandektenvorlesungen vorgetragen zu werden pflegt, bilden. In diesen ist es zwar neuerdings üblich geworden, auch die positiven Modificationen, welche das Römische Recht seit seiner Reception in Deutschland erfahren hat, also einen vollständigen „Usus modernus Pandektarum" vorzutragen. Wenn dieser aber in dem bürgerlichen Reichsgesetzbuch seinen officiellen Ausdruck gefunden haben wird, würde ich es zweckmäßiger finden, wenn der vorbereitende Unterricht auf das rein Römische Recht beschränkt bliebe, zumal jene Modificationen doch nur aus dem Germanischen Recht vollständig begründet und erläutert werden können.

Dieses, das Germanische Recht, wird jetzt mit solcher Liebe und so glücklichem Erfolg erforscht und gelehrt, daß es überflüssig und überdieß Anmaßung wäre, wenn ich, als Civilist, zu diesem Studium ermuntern oder über die Methode mich äußern wollte. Aber über den Werth desselben für juristische Bildung überhaupt seien mir zwei Bemerkungen gestattet. Daß die positiven Modificationen, die das Römische Recht seit seiner Reception in Deutschland erfahren, nur aus Germanischer Wurzel zu erklären sind, wurde so eben bemerkt, und es ist unberechenbar, wie Viel von solchen Elementen noch vor der Ueberwucherung durch das Römische Recht zu retten sein wird, wenn wir erst, wie in unserer Sprache durch Jacob Grimm, so in dem Recht uns selbst vollkommen verstehen gelernt haben werden. Sodann erwarte ich von der gründlichen Bekanntschaft mit dem Germanischen Recht eine Befreiung der Geister von den Spanischen Schnürstiefeln romanistischer Scholastik, eine Befreiung der Geister, die nicht nur der Rechtsphilosophie, z. B. in Auffindung des höheren Eigenthumsbegriffs über dem Römischen Dominium und der Deutsche Gewere, zu Gute kommen, sondern auch den Praktiker zu der reinen Auffassung neuer Lebensverhältnisse befähigen muß.

Welche äußere Einrichtungen sollen nun von Staatswegen getroffen werden, um eine gründliche juristische Bildung seiner Beamten sich zu sichern? Wir perhorresciren, wie gesagt, einen vorgeschriebenen Studienplan und überhaupt jede Reform unserer Universitäten, wodurch die akademische Freiheit angetastet würde. Denn wie schmerzliche Erfahrungen auch über den Erfolg ihres Unterrichts gemacht werden mögen, — wohin ich auch das sich selbst richtende Bekenntniß hervorragender Staatsmänner rechne, daß sie auf der Universität Nichts, Alles erst später im Leben gelernt hätten, rechne: so tief ist das wissenschaftliche Interesse unserer akademischen Jugend in unserer materialistischen Zeit nicht gesunken, daß wir ihr den ertödtenden Zwang juristischer Specialschulen auflegen müßten.

Zu den nothwendigen äußern Einrichtungen rechne ich vor Allem die Verlängerung des juristischen Universitätsstudiums von drei auf vier Jahre, die auch schon im Preußischen Abgeordnetenhause vorgeschlagen worden ist. Denn wenn die beiden ersten Semester, wie es häufig geschieht, durch Erfüllung der einjährigen Militairpflicht für den regelmäßigen Collegienbesuch verloren gehen, so kann in den übrig bleibenden zwei Jahren keine gründliche Kenntniß der obligaten juristischen Disciplinen, geschweige eine tüchtige juristische Bildung gewonnen werden.

Die zweite, mir höchst wünschenswerth scheinende Einrichtung ist, daß die ersten drei Jahre der streng wissenschaftlichen Ausbildung gewidmet und durch ein von den Juristenfacultäten abzuhaltendes theoretisches Examen geschlossen würden, denn auch das gegenwärtig bestehende Prüfungswesen bedarf einer gründlichen Reform. Das Examen denke ich mir als ein rein mündliches, denn die schriftlichen Arbeiten in der Clausur haben etwas Schülerhaftes, die häuslichen verleiten zu Unterschleif und Beide belasten die Lehrer mit geisttödtender Revisionsarbeit. Das mündliche Examen aber wäre auf sämmtliche juristische Hauptdisciplinen und in diesen weniger auf Gedächtnißwerk, als auf das gewonnene Verständniß zu richten; worüber z. B. auch die Auslegung einer vorgelegten Stelle der Pandekten oder des Sachsenspiegels sichere Auskunft geben würde. Der gänzliche Mangel des juristischen Urtheils und grobe Unwissenheit müßte zu unbarmherziger Versagung des Zeugnisses, und wenn dieses auch in einer zweiten Nachprüfung nicht gewonnen würde, zur Ausschließung von der Staatscarriere führen. Diese Prüfung, von den Examinatoren zwar ernst, aber die Schüler nicht einschüchternd, sondern sie ermunternd, zu zeigen was sie vermögen, durchgeführt, würde heilsamer auf den Eifer und Fleiß in freier Benutzung der dargebotenen Lehrmittel zurückwirken, als die schärfsten zur Controle derselben aufgestellten Zwangsmaaßregeln.

Das vierte Studienjahr bliebe der allgemeineren Ausbildung und der Ueberbrückung der bisher zwischen Theorie und Praxis bestehenden Kluft bestimmt. Zu jener rechne ich die Rechtsphilosophie, die von dem Studirenden mit wahrem Nutzen erst dann gehört wird, wenn er den positiven Rechtsstoff beherrscht; ferner Politik und Nationalökonomie, deren Kenntniß dem Verwaltungsbeamten unentbehrlich, dem Juristen so nützlich ist. Den Uebergang von der reinen Theorie zur Praxis aber würden vor Allem die wenigstens sechsstündigen Vorlesungen über das neue bürgerliche Reichsgesetzbuch bilden, in welchen dieses aus seinen Quellen erläutert und so das im ganzen Reich geltende bürgerliche Recht zur Anschauung gebracht würde. Endlich müßten auch praktische Uebungen den Studirenden Gelegenheit zur Anwendung der gewonnenen juristischen Bildung auf das wirkliche Leben geben und sie also auf die Praxis vorbereiten.

Die früher, ich weiß nicht ob noch jetzt, üblichen Civil-

Practica und Prozeß-Practica und Relatoria leisteten in dieser Hinsicht nur wenig, aus doppeltem Grunde: einmal weil sie von Professoren, welche die Praxis aus eigener Erfahrung nur wenig kannten, geleitet wurden, und sodann ihrer ganzen, beschränkten Einrichtung wegen. Nach meinem Wunsch müßten also entweder akademischen Rechtslehrern, die an Gerichtshöfen für die Rechtspflege gearbeitet hätten, oder wissenschaftlich vorzüglich gebildeten Richtern als Honorar-Professoren diese Uebungen übertragen werden. Die Uebungen selbst aber wären auf wirkliche, längst abgeurtheilte Civil- und Criminalfälle und die darüber vorhandenen Gerichtsakten zu gründen. Unter dem Vorsitze des betreffenden Rechtslehrers würde der Fall von Studirenden des vierten Universitätsjahres als Vertreter des Klägers und des Beklagten oder als Ankläger und Vertheidiger mündlich in einem förmlichen Plaidoyer verhandelt, von zwei andern Studirenden als Referenten und Correferenten darüber berichtet und endlich von dem Vorsitzenden das Urtheil gesprochen, auch in der Weise der Englischen Richter in einer längeren Rede begründet, Alles in Einem oder Zwei Terminen öffentlich vor dem versammelten akademischen Publikum. Ich bin überzeugt, daß dieß nicht nur für die Theil nehmenden Studirenden als Rechts- und Redeübung sehr fruchtbar wäre, sondern auch in der gesammten juristischen Jugend unendlich mehr als die früher üblichen akademischen Disputationen über Theses, lebendiges Interesse für ihr Studium wecken und Licht über dasselbe verbreiten müßte.

Diese neuen Einrichtungen wünschte ich für das ganze Deutsche Reich getroffen zu sehen. Zunächst wären von dem Bundesrath die Gutachten sämmtlicher Deutschen Juristen-Facultäten einzuholen und die Einrichtungen selbst im Verwaltungswege zu treffen; eines Gesetzes bedürfte es dazu nicht. Ist doch schon für die Abiturientenprüfungen, welche zum Besuch der Universitäten berechtigen, durch Conferenzen leitender Schulbeamten der verschiedenen Deutschen Länder eine Einigung erzielt. Warum sollte dieselbe nicht auch über einen für das Reich so wichtigen Zweig des akademischen Studiums, für das juristische als Bedingung des künftigen Reichs- und Staatsdienstes zu erreichen sein. Aber wenn auch zunächst nur Ein Staat oder Einige versuchsweise vorgingen, könnte dieß die Erreichung des erwünschten Zieles vorbereiten. Ist doch auf diesem Wege in trüber Zeit in dem Zollverein durch das beharrliche Streben Preußischer Staatsmänner nach dem hohen Ziele der Keim zu der nationalen und politischen Einheit des Vaterlandes gelegt worden, die wir zu schauen das Glück haben.

Nach dem also vollendeten Quadriennium academicum würde der Rechtscandidat die erste Staatsprüfung wohl bestehen können und in die Praxis selbst nicht unvorbereitet eintreten. Von dem überhaupt nach diesen Vorschlägen eingerichteten akademischen Studium aber würden die verbündeten Deutschen Staaten und das Deutsche Reich noch sicherer als bisher nicht nur Justizbeamte als Träger einer lebendigen Jurisprudenz, sondern auch Staatsmänner erwarten können, deren juristische Bildung ihrem politischen Handeln die unentbehrliche feste Grundlage gewährte.

Universitäts-Buchdruckerei von Carl Georgi in Bonn.

FSC
www.fsc.org
MIX
Papier | Fördert gute Waldnutzung
FSC® C083411

Kolibri 360 GmbH
Ferdinand-Jühlke-Straße 7
99095 Erfurt, Deutschland
produktsicherheit@kolibri360.de